新型职业烟农实用技术指南

◎ 唐大鹏　王洪炜　黎妍妍　何结望　丁才夫　李富强　主编

湖北省烟草科学研究院

湖北省农业科学院

湖北省烟草公司恩施州公司

湖北省烟草公司襄阳市公司

湖北省烟草公司宜昌市公司

湖北省烟草公司十堰市公司

宜昌市天一现代职业培训学校

参与编写

中国农业科学技术出版社

图书在版编目（CIP）数据

新型职业烟农实用技术指南 / 唐大鹏等主编.
北京：中国农业科学技术出版社，2025. 6. -- ISBN
978-7-5116-7483-8

Ⅰ. F307.12-62

中国国家版本馆CIP数据核字第 2025D2A167 号

责任编辑 周伟平
责任校对 李向荣
责任印制 姜义伟 王思文

出 版 者 中国农业科学技术出版社
北京市中关村南大街 12 号 邮编：100081
电 话 （010）82106638（编辑室） （010）82106624（发行部）
（010）82109709（读者服务部）
网 址 https: // castp.caas.cn
经 销 者 各地新华书店
印 刷 者 北京科信印刷有限公司
开 本 185 mm × 260 mm 1/16
印 张 9.75
字 数 207 千字
版 次 2025 年 6 月第 1 版 2025 年 6 月第 1 次印刷
定 价 45.00 元

《新型职业烟农实用技术指南》

编委会

PREFACE

序 言

当植保无人机掠过烟田投下精准的光影，当智慧烘烤系统在云端悄然调节温湿度，当遥感卫星开始绘制“数字烟田”，我们深知：烟叶产业变革的浪潮正滚滚而来。在传统农耕智慧与现代科技文明交汇的今天，培养具有复合型知识结构的新型职业烟农，已成为推动烟叶产业高质量发展的关键命题。本书的诞生，既是对乡村振兴战略的实践回应，更是为新时代职业烟农量身打造的“操作系统”。

在全球农业数字化转型加速的背景下，我国烟草生产正经历从“经验驱动”向“数字驱动”的跃迁。国家烟草专卖局明确提出，要构建“智慧烟草农业”新体系。基于此，本书的编写始终锚定三大坐标：传承千年农耕文明精髓，融合最新烟草科研成果，培育产业高质量发展动能。致力于破解“老把式不会新设备，新农人不懂老经验”的烟草产业发展痛点。

本书采用模块化设计构建知识体系。全书分为四大特色模块。一是新型职业烟农概述及相关政策。二是烟草生产技术，包括育苗、移栽、采收、调制、分级技术的基础知识，并涵盖土壤保育与改良、生态烟田建设、绿色防控技术、农机农艺融合等前沿技术。三是烟草智慧农业，包括金叶医生App、气象灾害预防等数字化解决方案。四是烟农经验，收录了20位优秀职业烟农的“土法秘籍”。

在编写过程中，我们始终坚持“三个结合”：将国家行业标准与湖北省烟区种植实际相结合，将博士团队科研成果与土专家实操经验相结合，将智能化设备操作与传统农事节气规律相结合。书中那些看似枯燥的技术参数，实则浸透着编写组所有人员多年来在烟草领域深耕的汗水。

本书主要面向四类群体：立志投身烟草生产的返乡青年、寻求技术突破的传统烟农、新型农业经营主体负责人，以及从事烟草生产管理的基层技术人员。

这本承载着烟农期盼的新型职业烟农实用技术指南，既是专业技术的传承载体，更是产业变革的时代见证。我们期待它成为烟农朋友们打开现代农业大门的钥匙。我们期待与烟农朋友们一起，在武陵秦巴山区的云雾间，在清江两岸的沃土上，书写出传统产业与现代农业交相辉映的崭新篇章。当每一片烟叶都凝聚着科技的光泽，当每一位烟农都掌握了优质烟叶生产的核心技术，烟草农业现代化必将迎来更加璀璨的明天。

是为序。

田煜利

2025年3月

CONTENTS

目录

第一章

职业烟农培育与发展

第一节 职业烟农培育

烟农是烟叶生产的主体，是烟草产业链中最基础、最关键的一环。职业烟农是现代烟草农业发展的重要组成部分，如何培育职业烟农是发展现代烟草农业的重要课题之一。

一、指导思想

以习近平新时代中国特色社会主义思想为指导，全面贯彻党的二十大精神，认真落实党中央“三农”决策部署，按照行业高质量发展和烟草农业现代化建设总体要求，进一步加强新型职业烟农培训，加快培育“守诚信、懂技术、善经营、会管理”的新型职业烟农队伍，夯实产业发展基础，加快传统烟草农业向现代烟草农业转变，推动烟叶产业高质量发展，助力乡村全面振兴。

二、职业烟农定义

职业烟农是指在适度规模种植农户基础上逐步发展形成的，将烟叶生产作为产业进行经营，以种烟收入为家庭经济主要来源，守诚信、懂技术、善经营、会管理的新型烟叶生产经营主体，是以烟为生，精于种烟，有知识、懂技术、善管理的新型烟农。

三、职业烟农的基本特征

当前职业烟农具备的基本特征主要有：

（1）以烟为生。职业烟农以烟草种植为主要经济来源，把烟草种植作为主要职业，对烟草生产的投入和管理具有持续性和稳定性。

（2）诚实守信。职业烟农具有良好的职业道德，遵守烟草行业法规和标准，履行烟草种植收购合同，诚信守法。

（3）精于种烟。职业烟农掌握了烟草种植管理、病虫害防治、烘烤、机械化田间作业等现代烟草农业生产种植技术，对烟草种植新技术有较强的学习能力，能够快速掌握并应用新的烟草种植技术和管理方法。

（4）善经营会管理。职业烟农具备现代经营管理知识，能够高效地组织和管理烟草生产，做好成本控制、资源配置和风险管理。

职业烟农作为现代烟草农业的关键参与者，上述基本特征塑造了他们在烟草产业中的角色和贡献。

四、职业烟农培育发展趋势

（1）技术集成化。随着科技的发展，职业烟农培育越来越注重技术的集成应用。这包括“中棵烟+高油分”技术、农机实用新技术、智能农业技术、精准农业、遥感监测、无人机绿色防控等现代技术在烟草种植中的应用，以提高生产效率和产品质量。

（2）培育专业化。职业烟农的培育涵盖了从职业素养与实用种植技术到经营管理等全方位专题培训，有助于烟农系统地掌握应知应会知识和技能。

（3）管理信息化。信息化管理成为职业烟农培育的重要组成部分。利用大数据、云计算等技术进行生产管理，实现精准决策和资源优化配置。

（4）经营规模化。为提质增效，降低成本，职业烟农培育趋向于规模化经营。通过整合土地资源，扩展生产规模，提高生产效率。

（5）政策支持系统化。政府和相关部门提供系统化的政策支持，包括税收优惠、财政补贴、信贷支持等，为职业烟农的发展创造良好的外部环境。

第二节　湖北省新型职业烟农服务管理办法

第一章　总　则

第一条　为全面推进乡村振兴战略，加快烟草农业现代化建设，稳定和优化烟农队伍，完善新型职业烟农培育、评定、服务、管理体系，培育新型农业经营主体，加快烟叶生产方式转型升级，全面推动湖北省烟叶“2233”高质量发展战略工程，结合我省烟叶生产实际，制定本办法。

第二条　新型职业烟农是指以烟草种植为职业，以种烟收入为家庭经济主要来源，适度规模种植，有文化、懂技术、会经营、善管理、守诚信的烟草种植者，包括烤烟、白肋烟、马里兰烟、雪茄烟4类新型职业烟农。

第三条 本办法适用于新型职业烟农的培育以及教育培训、评定、管理、扶持等相关服务管理活动。主要包括新型职业烟农教育培训、资格及星级评定、差异化扶持、动态管理等内容。

第四条 省公司负责检查、督办、考核各产区新型职业烟农评定、管理及差异化扶持政策落实。市级公司负责制定新型职业烟农队伍建设实施方案，明确培训方式、培训内容，制定新型职业烟农考评标准，出台差异化扶持政策，并抓好工作督办、检查、考核，分析职业烟农队伍建设现状。县级公司是新型职业烟农队伍建设工作的实施主体，要围绕年度培育目标，做好新型职业烟农培训组织、审核评定、考核评价、差异化扶持政策落实等工作。烟叶收购站负责新型职业烟农资料收集、初审，提出等级评定推荐意见。

第五条 以县为单位设立新型职业烟农培育专项资金池，专门用于新型职业烟农培育，资金来源由市级公司从烟叶生产投入中列支。积极争取各级政府部门、社会组织、专业人士参与新型职业烟农培育。

第二章 教育培训

第六条 构建“线上学习+线下内训”的教育培训模式，建立新型职业烟农培训平台。加强与中国烟草总公司职工进修学院合作，利用现有的“烟农学堂”组织烟农开展网上技术培训、专家咨询服务、考试练习、培训评估、信息化管理等。积极与当地职校或农校、烟农专业合作社联合举办培训班，利用户院会、现场会、专题讲座、研讨交流、一对一指导等形式开展面授培训，有针对性地开展多元增收、产业政策、生产技术、调制发酵技术、经营管理、政策法规等相关知识培训。

第七条 遴选优秀烟技员，打造一支技术优、业务精、会授课的内训师队伍。充分利用省局有关内训师授课报酬、优秀课件评选，优先择优直签、专业技术职务及专业技能岗位评聘等政策，激发内训师工作积极性。大力推行“1：10：100”新型职业烟农培育模式，即1名内训师负责培训10名左右烟技员，再辐射培训100名左右烟农，形成烟草生产队伍成长链条，构建以行业内训师为主，外部师资为辅的新型培训师资队伍体系。

第八条 梳理烟农在生产经营中遇到的问题和难点，重点围绕规模化生产经营用到的技术、理念和方法，丰富学习培训资源。

（一）生产技术培训。开展壮苗培育、小苗深栽、平衡施肥、绿色防控、成熟采收、科学调制、烟叶发酵、烟叶质量、烟叶分级、农机使用以及多元增收产业等技术培训。

（二）经营管理培训。开展现代化生产经营理念、烟草生产成本控制、用工管理、效益核算、精益生产、质量管理、电子商务等方面培训。

（三）政策法规宣传培训。开展烟草专卖等有关法律法规、烟叶生产形势以及烟叶生产相关政策培训。

第九条 县级公司要将新型职业烟农培训作为服务烟农的基本事项，组织烟站技术员开展烟叶从业人员调查摸底，掌握产业规模、培训需求、服务能力等信息，建档立册，纳入培训对象，提供多渠道、多途径、零距离、全过程的技术指导与服务，帮助烟农及服务人员掌握关键技术，及时解决疑难问题。

第十条 烟叶收购站要定期组织对新型职业烟农开展烟草栽培、病虫害识别与防治、烟叶烘烤、烟叶分级等知识比赛和技能比武。

第三章 评定管理

第十一条 新型职业烟农的评定应该坚持以下原则：

（一）坚持公平自愿。职业化烟农选拔认证遵循“自愿、公开、公平、公正”原则，统一评定标准、统一评定程序。引导烟农向规模种植、集约经营、专业服务发展。

（二）坚持培训和评定相结合。把服务现代烟叶产业高质量发展，作为培育新型职业烟农的出发点和落脚点，把烟农技能提升、增加收入、提高质量作为培训重点。

（三）坚持分类培育和精准培育。按照“帮扶大户、发展中户、提升小户”原则，分类指导、分类管理、分类扶持，促进小户和现代农业发展有机衔接，着眼构建新型职业烟农队伍，分类型、分层级、分模块实施教育培训。

第十二条 按照“以烟为主、有文化、懂技术、会经营、善管理、守诚信”的标准进行筛选，同时满足以下基本条件的即可评定为新型职业烟农：

（一）烤烟种植规模达到15亩（含）以上，白肋烟、马里兰烟、雪茄烟种植规模达到5亩（含）以上；

（二）年龄在65周岁（含）以下；

（三）连续种烟3年（含）以上或有5年（含）以上种烟经历；

（四）服从技术指导和管理，积极参加学习培训；

（五）生产经营能力强，技术执行率高；

（六）无违反烟草种植收购合同管理行为。

第十三条 市级公司在新型职业烟农资格评定的基础上，因地制宜制定新型职业烟农星级评定指标体系，调整新型职业烟农考评指标设置、考评区间划定、指标权重设置、星级评定分值设置，设定考评指标中技术标准、操作标准。等级划分实行百分制。90分以上（含90分）为三星级，80～90分（含80分）为二星级，60～80分（含60分）为一星级，60分以下且满足基本条件的为普通新型职业烟农。

第十四条 种烟年限30年以上的烟农可直接评定为三星级新型职业烟农，种烟年限20

年以上、10年以上、5年以上的烟农在新型职业烟农评定中可适当设置加分项。

第十五条　新型职业烟农的评定流程：

（一）市级公司制定年度新型职业烟农评定方案，规范评定程序及标准，加强监督管理。

（二）烟叶收购站向烟农宣传新型职业烟农各项政策。落实烟草种植面积时由烟农向烟叶收购站提出新型职业烟农评定申请，烟站核实，统一汇总后上报县公司。

（三）县级公司对申请人年龄、文化程度、种植规模、种植年限、合同履约、诚信度、技能掌握、学习培训等条件进行初审。

（四）烟叶收购结束后，由县级公司对照评定基本条件，统一对初审合格后的新型职业烟农进行初评。

（五）对通过初评的新型职业烟农名单、星级在相关村委会、烟草收购站进行为期5天的公示。有异议或有投诉意见的，县公司和烟叶收购站应及时调查核实。

（六）县级公司对公示无异议的认定为新型职业烟农。并按照“一户一档”建立新型职业烟农档案，于当年录入烟叶生产信息系统。

第四章　差异化扶持

第十六条　市级公司要结合实际，制定新型职业烟农星级差异化扶持政策，对新型职业烟农与非职业烟农实行差异化扶持。

（一）计划安排优先。遵照湖北省烟叶“2233”高质量发展战略工程规划的万担乡（重点乡）、千亩村（重点村）总体布局前提下，在尊重烟农意愿、充分考虑适度规模种植的基础上，将有限的计划资源向新型职业烟农倾斜。

（二）设施设备配套优先。优先满足新型职业烟农小型农机具配套补贴政策，优先满足星级职业烟农新建、改建烤房需求。

（三）土地流转优先。探索对土地相对连片、种烟规模较为稳定的星级职业烟农土地流转费用进行补贴，解决种烟土地问题。

（四）专业服务优先。协调烟农专业合作社，根据市场需求优先满足新型职业烟农专业化服务需求，逐步引导非职业烟农接受专业化服务。

（五）灾害救助适度倾斜。根据新型职业烟农与非职业烟农以及不同星级职业烟农，有针对性配套烟叶政策性灾害救助资金，适度倾斜星级新型职业烟农，弥补其因自然灾害造成的直接经济损失。

（六）生产投入适度倾斜。各产区可适度调整新型职业烟农的生产投入补贴标准，具体补贴标准由各产区根据情况制定，总体补贴比例控制在省公司核定的生产投入补贴标准范围内，主要用于支付专业化服务费用、生产物资投入以及标准化生产示范补贴。

（七）其他扶持政策安排优先。探索对不同新型职业烟农在优秀烟农奖励、子女上学奖励、健康体检补贴、养老保险、学习培训等方面的扶持政策。

第十七条 及时兑现扶持政策。第（一）至（四）项扶持政策在第二年兑现，如果第二年未种植烟草，将自动取消享受扶持资格；第（五）至（七）项扶持政策当年兑现。

第十八条 烟叶收购站和技术员要据实上报新型职业烟农评定相关数据，县级公司要严格审核把关。对弄虚作假、违规评定、政策兑现不到位的单位和相关责任人严肃追究责任。

第五章 动态管理

第十九条 新型职业烟农实行动态管理，资格一年一评定，待遇一年一调整。每年烟叶收购结束后，由县级公司按照标准对上一年度已评新型职业烟农，和新参与评定的新型职业烟农进行评审，结果及时上报市级公司，并进行公示。

第二十条 加强新型职业烟农动态分析，市、县级公司每年对新型职业烟农是否种烟、星级升降、年龄结构、种烟规模、种植水平、种烟收益等情况进行分析总结，形成报告报省公司。

第二十一条 有下列情形之一者，取消新型职业烟农资格：

（一）当年没有种植烟草的；

（二）年度评审不符合新型职业烟农资格条件的；

（三）烟草生产中使用烟草行业禁止的农药、化肥的；

（四）骗取行业新型职业烟农补贴资金的；

（五）交售烟叶出现掺杂使假，扰乱收购秩序，违反烟草专卖法律法规的。

第六章 培育环境

第二十二条 产区公司积极协调当地政府，依照“依法、自愿、有偿”原则，全面推广“村委会”集中流转、“合作社+种烟专业户”集中流转的土地流转模式，将优质生态烟田向新型职业烟农集中，进一步优化生产布局，提高烟草种植集中度。

第二十三条 围绕“合作社提供服务、烟农购买服务、烟草补贴烟农”的思路，完善“社统分队、网格服务”运行模式，探索打造一站式烟农服务平台，开展订单服务，以平台推进专业服务市场化、评价科学化、补贴标准化，实现合作社专业服务全面覆盖、全程服务、全体受益，为职业烟农培育提供坚实基础。

第二十四条　通过服务热线、信息平台等，及时为烟农提供气象、物资发放、病虫害预测预报、技术咨询与指导、专业化服务、烟叶交售等信息服务。

第七章　附　则

第二十五条　各产区可结合实际制定本区域新型职业烟农服务管理方案，报省公司备案。

第二十六条　本办法由省公司负责解释。

第二十七条　本办法自印发之日起施行。原《湖北省新型职业烟农培育的指导意见》（鄂烟办综〔2019〕141号）同时废止。

第二章

烟草种植管理

第一节　烟粮（经）轮作

一、耕作制度

耕作制度是指农业生产中土地利用和作物种植的方式、方法以及与之相关的一系列技术措施和管理方式。烟草作为一种重要的经济作物，在耕作制度设置方面有着特殊的要求和实践，其中耕作制度中的轮作制度在充分利用土壤中的营养元素，提高肥效，保持和恢复土壤肥力，克服连作障碍中发挥重要作用。

二、烟草与主粮作物的耕作制度

水稻、小麦、玉米等三大主粮作物属禾本科，与茄科植物烟草的同属病害较少，科学轮作能合理利用土地资源，平衡土壤养分、抑制土传病虫害，其主要种植分布与烟草具有较高重合度，对实现烟粮双优，落实“藏粮于地、藏粮于技”战略，保障谷物供给和口粮绝对安全具有积极作用。

烟稻轮作通过土壤环境的水旱更替，可抑制农田杂草，减轻土传病害，有效改善土壤结构、平衡土壤养分，减少两种作物生长过程中的农药化肥使用量，提高养分利用率，提升烟叶和水稻品质。湖北省烟区根据海拔、光热等条件在水田区域可选择一年两熟轮作或隔年轮作，选择品质好、抗性强的适宜水稻品种，统筹茬口衔接与肥料施用，积极探索烟稻协同机械化作业，改善田间排灌条件，推动水稻秸秆科学还田，实现以烟稳稻、烟稻双优。

烟草与小麦主要提倡隔年轮作，在烟草或小麦前后茬间隙，可选择种植生育期短的杂粮。各产区要选择适宜的小麦品种，合理安排各作物茬口，系统考虑农药化肥施用，注重土壤保育，集成运用深耕深松、保护性耕作、绿肥种植、秸秆还田等技术，保障烟草与小麦及其他作物品质与产量。

玉米作为粮经饲兼用的作物，种植分布较广，烟草玉米轮作能克服连作障碍，提升植株根系活力。烟草与玉米大田生育期重合，适宜隔年轮作，注重氮肥合理施用，选择短生育期品种，探索推行烟草后玉米种植模式。烟草与玉米在邻近区域同期种植时，要设置隔离带，防止玉米花粉对烟株叶片生长造成影响。

三、烟草与油料作物的耕作制度

大豆所属豆科和油菜所属十字花科，可在病虫害控制、平衡土壤肥力等方面与烟草形成互补，减少生产总体投入，提升土地综合产出效益，推广烟草大豆隔年轮作，各产区应选择推广耐阴耐密“双耐”、抗倒伏抗裂荚“双抗”、高产高蛋白高油“三高”大豆品种，大力发展玉米大豆带状复合种植，注重病虫害防控合理安排烟草大豆种植时间。大豆有固氮功能，种植烟草时要合理施用氮肥。

烟草油菜轮作能有效利用两种作物在生育期、营养需求、种植管理等方面的特点，实现茬口和肥力的良好衔接，起到土壤保育作用，实现烟草油菜协同互促，是长期推广形成的良好耕作模式。各产区要推动冬闲烟田扩种冬油菜，推行烟草油菜一年两熟年内轮作制度，注重茬口安排衔接，选择推广早熟、低芥酸低硫苷、抗病抗裂角、高产高油高油酸的宜机化品种，促进烟草与油菜生产机械化的协同融合发展。

四、烟草与杂粮、蔬菜的耕作制度

烟草产区生态条件多样，在长期农业生产生活中选择了与当地农业资源和市场相适应的特色作物，部分杂粮、蔬菜与烟草可形成良好的耕作关系，对提升烟田产出效益、增加烟农收入非常重要。

烟草、杂粮轮作能有效提高肥料利用率，减少杂粮种植肥料施用，既有利于烟叶提质增效，又有利于保育植烟土壤、保护烟区农业生态。可充分利用烟后空闲地，加大烟草与荞麦、绿豆、豌豆等轮作力度，增加秋粮生产量。烟草与蔬菜轮作，要充分利用育苗大棚、烤房闲置时期，发展温室蔬菜、食用菌、药用菌等设施作物栽培，提高设施利用率。湖北省烟区应充分挖掘冬闲田块潜力，发展烟草蔬菜轮作模式，改善田间排灌设施，推广优良品种及优质高效配套技术，增加冬春蔬菜供应。各产区在选择烟草与大田蔬菜轮作生产时，应选用施肥量低的蔬菜品种，严控农药化肥用量，禁止与茄科、葫芦科作物轮作。

第二节 土壤保育与改良措施

一、湖北省烟区土壤保育建议及措施

（一）烟区土壤存在的问题分析

1. 烟区土壤酸性较强，酸化的趋势明显

湖北省植烟土壤pH值在3.8～8.6，平均值为6.3±1.0，变异系数为16.47%，变异程度

较低。适合种植烟草的土壤pH值（5.0～7.5）土壤样点占比为72.56%，其中最适宜烟草生长的土壤pH值（5.5～6.5）土壤样点占比仅为27.37%，pH值介于4.5～5.5的土壤样点占比为22.38%，这表明湖北省烟区土壤酸性较强。

2022年与2011年全省66个土壤原位点对比分析结果表明，66个样点中pH值降低的样点占比为68.18%，下降幅度为11.98%，上升的样点占比为30.30%，上升幅度为11.58%。10余年间植烟土壤pH值从2011年的6.50下降到2022年的6.11，10余年间土壤pH值下降了0.39个单位，年平均下降速率为0.035；pH值小于6.5的样点占比从2011年的53.03%增加至68.18%，强酸性土壤（4.5<pH值<5.5）较10余年前增加了7.57个百分点，这表明湖北省烟区土壤10多年来酸化趋势明显。

土壤酸化是个自然趋势，降雨淋溶、施肥等都会造成土壤酸化，但通过合理的耕作措施可以抑制土壤的酸化，或者减缓土壤pH值下降的速度。

2. 烟区土壤有机质呈下降趋势

分析表明，湖北省66个土壤原位点2011年烟区有机质含量变幅为11.60～48.25 g/kg，2022年土壤有机质含量变幅为8.29～41.34 g/kg，10余年间植烟土壤有机质含量平均值从2011年的27.15 g/kg下降至2022年的24.59 g/kg，下降了2.56 g/kg，年平均下降速率为0.232 7 g/kg，土壤有机质含量降低的样点占比为63.64%，下降幅度为22.39%，上升的样点占比为36.36%，上升幅度为28.45%。

从2011年与2022年土壤有机质含量分布来看，土壤有机质含量大于35.0 g/kg样点占比从2011年的13.64%下降至2022年的4.55%，土壤有机质含量大于25.0 g/kg样点占比从2011年的56.06%下降至45.46%；土壤有机质含量小于15.0 g/kg的样点从2011年的3.03%增加至7.58%，表明湖北省烟区土壤有机质含量呈下降趋势。

大多数研究表明，人为的耕种以及合理的管控可以控制土壤有机质的下降，甚至提升土壤有机质的含量，主要的原因是有机肥的施用以及秸秆还田。一般水稻、小麦等须根系作物根系较发达，作物收获后植物残体残留量大，特别是近20年秸秆禁烧以来，秸秆还田得到了很好的执行，这些都是导致农田土壤有机质含量得以保持或者提升的重要原因。烟区种植模式较单一，烟草根系不发达，且烟草秸秆难以还田，有机肥使用量低，这是烟区土壤有机质含量下降的重要原因。

3. 烟区土壤有效磷和速效钾呈富集趋势

分析表明，2011年土壤有效磷含量变幅为2.5～182.3 mg/kg，2022年土壤有效磷含量变幅为11.1～195.3 mg/kg。10余年间植烟土壤有效磷含量从2011年的41.5 mg/kg上升至2022年的74.4 mg/kg，上升了32.9 mg/kg，年平均上升速率为2.99 mg/kg，上升幅度较大，66个原位土壤样点有效磷含量升高的占比为74.24%，增加幅度为430.63%，下降的原位土壤样点占比为25.76%，下降幅度为32.97%。

从2011年与2022年土壤有效磷含量来看，土壤有效磷含量大于25.0 mg/kg的样点占比从2011年的62.12%上升至2022年的96.97%，大于40.0 mg/kg的土壤样点占比比2011年增加了34.85%，增幅较大，为74.19%，表明湖北省烟区土壤有效磷含量总体呈上升趋势。

湖北省烟区2011年土壤速效钾含量变幅为10.9～1 063.0 mg/kg，2022年土壤速效钾含量变幅为148.3～1 117.8 mg/kg，10余年间植烟土壤速效钾含量从2011年的271.3 mg/kg上升至2022年的451.5 mg/kg，增加了66.42%，年平均增长率为16.38 mg/kg，上升幅度较大，原位土壤样点速效钾含量升高的占比为87.88%，增加幅度为167.49%，下降的原位土壤样点占比为12.12%，下降幅度为32.82%。

从2011年与2022年土壤速效钾含量分布图来看，土壤速效钾含量大于200 mg/kg的土壤原位样点占比从2011年的65.15%上升至2022年的95.45%，其中大于350.0 mg/kg的样点占比较2011年增加了48.48%，增幅较大，为290.91%，因此，湖北省烟区植烟土壤速效钾含量总体呈上升趋势。

土壤有效磷和速效钾的富集，与烟草作物的施肥有较大的关系，目前湖北省烟草施肥的N：P_2O_5：K_2O配比一般为1：（1.0～1.5）：（2.5～3.5），这种配比是基于过去土壤有效磷和速效钾含量都较低的情况，随着土壤养分的情况发生变化，肥料的配比也要进行适当的调整，以满足生产实际和优质烟叶生产的需要。

4. 烟区连作现象突出

从图2-1中可以看出，湖北省烟区连续种烟时间较长，大部分烟区连续种烟时间都在10年以上，仅有22.5%的烟区种烟历史在10年以下；种烟历史在20年以上的烟田占比达到了44.17%。虽然部分区域烟农也有“轮作”的做法，但由于受土地条件有限的制约，一般中间间隔的时间偏短（1～3年），因此大部分烟区实施的是连作种植。长期连作会导致连作障碍的产生，影响烟草的正常生长和烟叶的品质，这是湖北省烟区面临的主要问题之一。

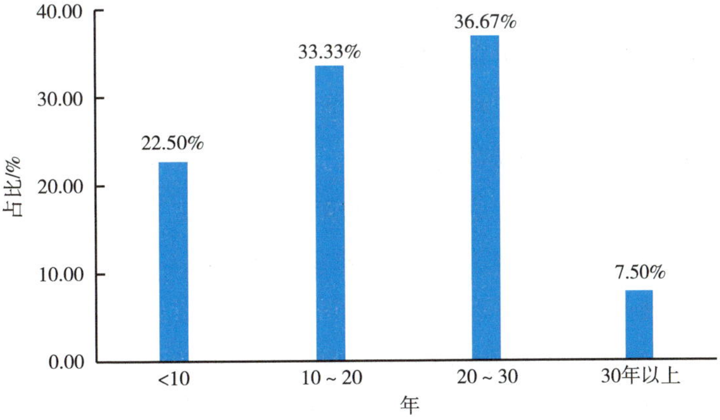

图2-1　湖北省烟区连作种植时间统计

（二）烟区土壤保育措施及建议

1. 加大用量，坚持施用有机肥

诸多研究表明有机肥是阻止和延缓土壤退化（比如酸化）、提高土壤质量的最有效的措施。水稻、小麦等大农业生产基本实现了100%秸秆还田，为土壤有机质的补充提供了来源保障。但烟草种植模式单一，秸秆难以直接还田，因此必须坚持有机肥的施用这一“底线”，以阻止烟区土壤有机质下降。

目前湖北省烟区已经实现了施用有机肥100%全覆盖。湖北省施用的有机肥主要包括饼肥、商品有机肥以及农家肥，随着农村耕牛的减少、散户养殖业的萎缩以及青壮年劳动力的大量转移，农家肥施用量和范围急剧下降；由于受到投入等因素的制约，饼肥和商品有机肥的施用量也还不够。建议有机肥的用量达到100～150 kg/亩①，需要花大力气解决这个问题。

2. 大力推行轮作

轮作是克服连作障碍、提高土壤生物多样性的有效措施。湖北省也大力提倡烟田轮作，但受烟区土地资源有限等自然条件限制，轮作措施“落地难”的问题一直没有解决。在目前国家强调粮食安全战略大背景下，必须实现“烟草”与“粮食”“油料”的融合，这也是解决“轮作”的一个“良机”。

3. 优化肥料配方

“烟草专用肥”为烟草的标准化种植、烟草平衡施肥技术的推广以及烟叶品质的提升作出了不可磨灭的贡献，但随着土壤肥力特性的变化（特别是目前烟区土壤磷和钾都呈现富集的特征，微量元素含量也发生了变化），烟草专用肥的配方也需要进行相应的优化。

4. 坚持不懈推广绿肥种植

绿肥是一种“作物”，也是一种“肥料”，因此种植绿肥也相当于种植了一季作物，这对于提高土壤的生物多样性、消除连作障碍具有重要意义；同时绿肥可以活化土壤中的养分、秸秆还田可以提高土壤有机质的含量，因此绿肥也是提高土壤有机质和养分的有效措施。但由于绿肥种植当季不能直接产生效益，因此烟农的积极性不高；同时由于绿肥种植的配套技术也没有完全落地，比如播种量偏低、播种期偏晚、翻压偏早等问题，绿肥翻压的生物量不够，造成绿肥种植的效果不佳。

绿肥种植要解决好区域和品种的问题，在低山区（海拔1 200 m以下）建议种植光叶紫花苕子或者箭筈豌豆，中高山区建议种植油菜或者小麦等。

5. 加大专项土壤改良措施的力度

针对湖北省烟区酸性土壤分布面积较大、酸化持续的问题，开展“酸化治理”专项工作，遏制土壤酸化，提升烟田质量；针对烟区土壤耕层浅薄的问题，专项推广土壤深耕（松）技术，构建合理耕层；针对部分区域病害较严重、生物性状恶化的问题，实施综合性的土壤改良技术措施，切实改善土壤生物性状，提升土壤生物质量。

---

① 亩为非法定计量单位，1亩≈666.7 m^2。下同。

二、冬耕及要点

烟叶采收完成后，及时清理烟蔸、烟秆和田间其他杂物，使用中、大型耕整机，确保翻耕深度，冬耕后烟田土壤要“深、平、透”，即达到规定深度，深浅一致；地表平坦，犁地平稳，整齐，无重耕和漏耕；无生埂，翻垡碎土效果好，具体要求及要点如下：

（1）冬耕时间。肥力好和质地重的土壤最好晚耕；土壤肥力较差和质地较轻的土壤在降雨过后湿润时就应及早翻耕。结合湖北省烟区的气候条件及土壤状况，宜在每年的11月底前完成。深耕时土壤含水量为15%～22%（外观表层土壤不含水）时最适宜深耕。

（2）冬耕要点。烟叶全部采收后，及时拔除烟秆和清除垄体上地膜。冬耕地块尽量连片集中，对于分散的地块应有可供机具转移的机耕道路；地块内没有过大的石头和树桩等硬物。耕层深度以25～30 cm为宜。具体深度应根据耕层、土壤特性等条件而定，切忌将心土层的生土翻入耕层，降低耕作层肥力。

第三节　科学育苗与壮苗培育

一、烟草漂浮育苗技术

烟草漂浮育苗技术是一种现代化的烟草育苗方法，具有以下优点：①由于彻底摆脱了土壤这个育苗介质，从根本上杜绝了苗期土传病害的发生；②漂浮育苗在育苗棚内进行，减轻了不良环境对烟苗的影响，如低温、暴雨、冰雹等，国外关于漂浮育苗优势报道较多的是漂浮育苗可有效减轻早花现象；③烟苗的整齐一致性得到较大程度的提高；④由于移栽时运苗工作量的大幅下降，移栽速度得到较大提高，保证了连片区内烟株生长的一致性和均匀性，为提高连片区域内烟叶质量的均衡性打下了良好的基础。

1. 场地选择

育苗场地具备以下条件：地势开阔，四周无高大树木、建筑物或山岗遮阴，地下水位较低。避开风口、风道；有电源和洁净水源；周围无有害气体、无大量扬尘；交通便利，方便管理；禁止选择当年种植过茄科及蔬菜的地块，或者烟草病害较严重的地块作苗床地。

2. 育苗棚、营养池的建造

参照湖北省现代烟草农业基础设施建设要求建设。

3. 消毒

育苗前做好苗床、大棚和浮盘消毒，育苗工场的浮盘采取烟雾消毒，育苗场地及分散育苗点浮盘使用30%复方聚六亚甲基胍或二氧化氯（84消毒液稀释）进行消毒。

4. 添加池水

在播种前5～7 d向苗池加水，有利于提高营养液温度。水深保持在3～5 cm，如果出现漏水跑肥现象，则及时加水补肥，苗池水面不能暴露在阳光下，以防藻类滋生。

5. 装盘与播种

（1）装盘。装盘前首先要检查浮盘底孔是否堵塞，有堵塞的孔须先钻通。先在地上铺一张干净薄膜，如果基质在运输贮存过程中有结块成团现象，将基质过筛一下，然后喷水调整基质湿度（调到含水量45%～55%），达到以手握成团、触之即散为宜，装盘时用直木板将基质推到盘的各角，如此操作2～3次，装后轻墩苗盘使基质稍紧实，但不要用手拍压基质，使基质装填达到每一孔均匀一致，不架空、不过紧，松紧适中。

（2）播种。

①播种时间。海拔800 m以下烟区在2月25日至3月5日完成（根据移栽期一般提前50～60 d，枣阳市移栽期在4月10日左右，所以播种期在2月5—10日），海拔800～1 200 m烟区在3月5—10日完成，海拔1 200 m以上烟区在3月15日前完成。

②种子要求。必须使用市（州）公司指定的品种。

③播种方法。手工播种：直接用手工播入1～2粒包衣种子。播种器播种：采用播种器每穴播种1～2粒包衣种子。

（3）浮盘入池。将播好种的苗盘平放入营养池中后，喷施温水让包衣种子充分吸水裂解，喷施裂解水时避免冲刷，适量均匀，防止基质紧实，减少螺旋根的产生。播种24 h后若有的孔穴不能吸水，要将种植孔用细铁钻通，使基质吸水确保种子外包衣充分裂解。

6. 施肥

（1）时间。苗出齐后开展第一次施肥，第一次施肥7 d左右或者间苗定苗时开展第二次施肥，根据烟苗发育情况酌情开展第三次施肥。

（2）方法。将肥料溶解于桶中，均匀地倒入育苗池中，边加肥边搅拌，使育苗池中的肥料均匀一致。

（3）用量。使用N：P：K比例为2：1：2的肥料作为育苗肥，第一次营养液氮素目标浓度100 mg/kg，第二次、第三次营养液氮素目标浓度150～200 mg/kg。加肥量（g）=营养液浓度（mg/kg）×池水的体积（L）/（复合肥的含氮量10%×1 000）。

7. 苗期管理

（1）温湿度管理。

出苗前密封保温，促进种子的裂解萌发，如遇大晴天，可适量通风降湿，从而减少绿藻的滋生。

出苗后，根据天气情况适当增加通风量，但要预防低温造成烟苗冷害的发生。出苗至小十字期以保温为主，棚内温度不宜超过30℃。当日均温大于14℃，在小棚的两侧开通风孔，每侧开3个（高约20 cm、宽约30 cm），并打开棚的两端。如果操作不当造成基质盘面湿度偏大，易产生蓝绿藻及霉菌，应采取补救措施，这时应根据温湿度进行两次以上晾（晒）盘，降低基质的湿度，提高基质和营养液水的温度，这样可防止产生螺旋根。大棚设施育苗应悬挂干湿球温度计，出苗前以保温为主，出苗后遇强冷空气降温也以保温为主，但一般要注意防止棚内温度超过30℃。大十字期至成苗开始揭膜通风降温，使苗床面经常有水平气流，棚内温度不得超过极限温度38℃，防止产生热害。

注意：当前一天温度高，次日下雨降温，即使棚内气温低于18℃，也要开棚两端通风，不急于盖膜。

（2）间苗与定苗。当烟苗达到小十字期时开始间苗，剔除病苗、弱苗，选留整齐一致的烟苗，每穴留苗1株。间苗时既要轻捏轻放，不能造成机械损伤，又要适当将烟苗嵌入基质，否则会导致根与基质脱离而失水死亡。当日间苗，当日喷施定根水，确保及时缓苗。

（3）剪叶炼苗。剪叶次数根据移栽方式进行。小苗膜下移栽可剪一次叶或者不剪叶。其他移栽方式一般剪叶两次：第一次早剪，一般在间苗后7 d左右进行，控大促小；第二次要重剪，在第一次剪叶5～7 d后进行；移栽前根据烟苗长势适时进行第三次剪叶。在移栽前7～10 d，昼夜开启大棚炼苗，移栽前3～5 d断水断肥炼苗。

（4）病虫害防治。间苗定苗、烟苗运输等操作前进行病毒病普防。烟苗移栽前，普通花叶病毒进行试纸条检测，烟苗带毒率超过0.5%的不能移栽。在育苗棚两端要设置避蚜网。

二、烟田地布湿润育苗技术

（一）发展历程

为破解“前促后控”等难题，兴山县通过5年示范应用的不断完善，创新形成了地布湿润育苗技术体系，实现了水分养分精准供给。烟苗根系发达、茎叶柔韧性强，栽后成活率高、还苗期短、抗逆性强等优势明显，成本降低30%以上。

2017年，开展地布湿润育苗质量控制（QC）活动，提出了地布湿润育苗方法。2018年示范2 600亩，2019年示范推广1.4万亩［在湖北省烟草专卖局（公司）立项开展地布湿润育苗技术研究推广应用项目］。

2020—2022年规模逐年提高（2022年100%推广2.7万亩，并在江西省、海南省及湖北省内其他产区示范应用），技术及管理操作体系不断完善，质量持续提高，烟农充分认可，2022年获宜昌市烟草专卖局（公司）科技创新成果奖特别奖。

2023年兴山县全县100%推广3.06万亩，探索推行自动化喷淋系统，推广运行自动播种机，提升机械化育苗水平，增加无纺布覆盖盘面，加强保温保湿、防滴水。

（二）术语和定义

（1）地布湿润育苗。在温室或塑料棚内，以成型的PVC格盘为载体，装填适宜专用基质后，将格盘平整置于地布上，配套使用软管喷头、潜水泵等设备，由上至下喷淋含有营养成分的水分，完成种子的萌发及成苗过程的烟草育苗方式。

（2）地布。又称除草布，由聚丙烯（PP）扁丝编织成的一种黑色布状材料。

（3）育苗格盘。聚氯乙烯（PVC）材质，128孔，孔排列8×16，上孔尺寸30 mm×30 mm，下孔尺寸16 mm×16 mm，出水口径5 mm。

（4）基质。应符合《烟草漂浮育苗基质》（YC/T 310—2024）规定。采用泥炭、椰糠、珍珠岩、枯枝落叶等原料，根据烟草育苗生长特性，配制适合烟草育苗的专用营养基质（孔隙度较托盘湿润育苗和漂浮育苗所用基质略小，利于保水保肥）。

（三）成苗总体质量要求

苗龄55～65 d；单株叶数4～5片；茎秆高度6～9 cm，茎围≥5 mm，根系长度≥10 cm，单株根系干重≥0.7 g；侧根发达，根系紧缠基质，烟苗茎秆柔韧性好；叶色绿中带黄（或浅绿色）；叶片保持竖立状，含水量较少，韧性强；群体整齐均匀，无病原侵染。

（四）操作步骤

1. 育苗场所及设施

育苗场地选择。育苗场地应在避风向阳、小气候利于保温、地势平坦、靠近洁净水源（井水、自来水）、交通方便的地方。

不应在马铃薯地、番茄地、油菜地建造苗棚；不应在风口处、山脚下、地下水位较高的地方建造苗棚。

在育苗棚周围应设置隔离带、禁止吸烟警示牌；在入口处应设鞋底消毒池和洗手池；单独设置病残体和苗床垃圾处理设施。

育苗环境要求。育苗环境、育苗棚建设符合湖北省现代烟草农业基础设施建设要求。

育苗设施及消毒。装盘15 d前清除棚内外杂物后，利用烟雾机等设备注入配制消毒液（30%的有效氯漂白粉10倍液或7%的有效氯次氯酸钠150倍液或10%的二氧化氯200倍液）对大棚内外进行喷雾消毒，完成消毒后关闭棚门，在播种前3 d开门通风。将育苗格盘、地布、水肥供应设备用30%漂白粉10倍液或10%二氧化氯150倍液浸泡消毒2～3 min，待清洗晾干后堆码整齐备用。在光照较强的烟区宜使用遮光率70%～80%的黑色遮阳网。

营养液配制池（缸）应符合《烟草集约化育苗技术规程》（GB/T 25241）相关规定。

2. 格盘摆放及播种

地布铺设及格盘摆放。地布均匀铺设在育苗棚场地，将播种的格盘依次摆放在地布上，摆放时注意最大化利用有效空间，格盘之间尽可能做到不留缝隙，平均每平方米摆放5.8个格盘，避免后期烟叶遮盖格盘，水分不易浸湿基质。

播种。播种可在水分供应前10 d左右完成。采用人工、器具或机械进行播种，每格1～2粒种子，播种深度0.5 cm以内。播种后在盘面均匀撒1～2 mm厚的基质覆盖种子。

3. 水分管理

根据移栽时间往前推算首次水分供应时间（此时间为育苗期起始时间），使用1 000目的雾化喷头向盘面喷洒水分，反复喷洒直至基质吃透水分（水分沉至地布）；烟苗封盘前，根据天气状况，每天喷洒水分1～2次（9点、15点为宜），以基质吃透水分为宜，保持盘面湿润。烟苗封盘后，用800目的雾化喷头进行喷洒，适当减少喷水次数，实行干湿交替，促进根系生长发育。

4. 温湿度管理

出苗前、出苗后3 d，根据天气状况适时揭盖遮阳网，保持棚内温度不超过30℃，防止烧苗；出苗到十字期以保温为主，晴天中午气温高时通风降温排湿，早晚注意保温；十字期到成苗期，应避免极端高温，两端或两侧揭膜通风降温使棚内温度小于35℃；封盘后根据天气情况减少遮阳网使用时间；成苗期将四周的棚膜卷起加大通风量或完全揭掉棚膜进行日晒。根据天气状况适时通风，湿度大的情况下利用风机进行排湿，控制棚内空气相对湿度在70%～80%范围内。

5. 养分管理

从小十字期开始使用氮素浓度150 mg/kg专用肥溶液（N：P：K=10：10：20）进行喷洒，每3～4 d以50 mg/kg的梯度逐步增加浓度至600 mg/kg；第一次剪叶前后适当减肥，保持烟苗绿色带黄为宜，烟苗发放前一周停止用肥。长势偏弱的苗床，适当增加喷水次数（必要情况下喷水时加入适量浓度的肥料），保证基质湿润。

6. 病害防控

施用药物必须在烟苗封盘后开始，施用甲霜·噁霉灵或甲基硫菌灵等防止真菌类病害，施用宁南霉素或吗胍·乙酸铜等病毒制剂防治病毒病，强化病害防治和提高烟苗抗逆性。

7. 炼苗管理

移栽前1周（5片真叶时）开始炼苗，减少喷水次数，以烟苗不萎蔫为宜，叶色不泛黄无须加肥料；必要时剪叶1～2次，第一次剪叶以剪去叶片面积的1/2为宜，第二次剪叶以剪去叶片面积的1/3为宜，剪叶后增加光照通风。昼夜敞门加强通风（雨天除外），以适应外部环境；白天晒至烟苗接近萎蔫状态（基质基本干，烟苗接近萎蔫临界值），若需加水待下午3点以后进行喷水操作。

8. 注意事项

在棚外应建立消毒池，严防病菌带入棚内。禁止非工作人员进入苗棚，操作人员入棚前做好消毒处理并禁止在棚内吸烟。

剪叶操作形成的残叶须及时带出棚外处理。苗床出现病株，应及时清出棚外处理，并对全棚烟苗进行病害防治。剪叶前剪叶工具用75%乙醇消毒，并做到每剪完1个棚彻底消毒1次，操作人员在进行农事操作时须用肥皂水洗手。

（五）地布湿润育苗四大优势

（1）育苗物资成本更低。采取地布育苗1个育苗大棚（可育烟苗500亩）需要的地布总价为2 200元左右，育苗成本节省20%以上。

（2）充分利用棚内空间扩大育苗面积。使用地布替代托盘离水湿润育苗，单棚实际可放置苗盘数量增加40亩左右，大棚利用效率可提升10%以上。

（3）烟苗根系更发达，烟苗质量明显提高。壮苗率较常规方式育苗提高1.5%以上，缩短烟苗还苗期7 d以上，烟苗更容易早生快发。

（4）降低烟苗病害发生率。地布湿润育苗使用的一次性托盘，苗盘整洁干净，可彻底解决因消毒不到位而导致的苗根感染问题。

三、烟草壮苗育苗培育技术

1. 成苗要求

苗龄45 ~ 65 d，烟苗大小均匀一致，长势健壮，无病虫害，无机械损伤，根系发达，基质不散。

2. 营养管理

根据水的容量测算施入肥料的量。出苗后（或者播种前）施入育苗专用肥，使苗池水中的氮素浓度达到100 mg/kg，营养液的pH值宜维持在5.5 ~ 7.0。膜下移栽的小苗移栽前不再施肥。常规移栽的烟苗5 ~ 7片真叶期加1 ~ 2次肥料，控制营养液养分浓度不超过300 mg/kg。每次施肥时应检查苗池水位，若水位下降要注入清水。

3. 苗床管理

（1）温湿度管理。

温度管理。在烟苗大十字期以前，以保温为主，棚内温度要控制在30℃以内，若低于15℃，应及时采取保温措施。大十字期以后，棚内温度应控制在35℃以内，若高于35℃，应及时采用通风、换气、遮阳等方法降温。

湿度管理。从播种到齐苗控制棚内相对湿度不超过95%左右，小十字期以后控制棚内湿度不超过90%，以60%~80%为宜。当湿度偏小时，延长密闭棚膜的时间，减少通风次数；当湿度偏大时，增加通风次数或延长通风时间。在2~3次剪叶后，逐步揭开棚膜，使烟苗适应当地的温湿度条件，增强烟苗抗逆能力。

（2）剪叶。

膜下移栽小苗不剪叶或剪叶1次。

常规移栽苗剪叶2~3次，烟苗封盘后开始第一次剪叶，注意不要剪到生长点，每次剪叶强度不超过叶片面积的1/2。

剪叶应在叶片无露水时进行，剪叶时操作人员和剪叶工具要严格消毒，剪叶后要及时清理留在格盘上的叶片残屑。对于发病或有疑似病症的格盘，暂不剪叶，且应及时拔除发病或有疑似病症的烟苗，并及时做好药防。

4. 病害防治

（1）生理性病害。

①盐害。出苗后到大十字期，气温偏高的育苗点易发生不同程度的盐害，即营养液蒸腾强度偏高导致盐分析出并附着于基质表层，进而导致幼苗根际盐分浓度偏高而伤苗，表现为基质表面发白，烟苗生长缓慢甚至萎蔫；可在早上或傍晚通过喷淋清水（以洁净的井水或流动河水为宜）的方式加以消除。

②冷害。早春育苗，由于气温不稳定，有时会出现持续寒流，棚温夜间急降，造成幼苗冷害。冷害发生后，叶片边缘内卷或舌状伸展，舌状叶和心叶颜色发白或浅黄色，甚至出现烟苗畸形，生长停止。冷害的主要预防措施：一是提前做好防冻措施，检查棚膜无破损，进行大棚加固；二是根据天气预报，在寒流来临前，增加营养池水位；三是加盖保温材料，中、小棚可在棚上加盖保温被、草帘等，小棚可采取双棚膜覆盖方法；四是增加棚内温度，在大、中棚内可以用灯泡、电暖气、火盆或小煤炉等加热措施增加棚内温度；五是在气温回升后，可降低营养池水位或将育苗盘抬出育苗池，使基质和池水温度快速回升。各项推荐措施，应因地制宜，且均应以安全和可行性为前提。

③热害。棚内温度持续高于35℃，易出现热害，应采取揭膜、通风等措施。出苗后至小十字期是最易受高温危害的时期。要注意观察棚内温度，适时通风降温。一般晴天9—10点打开，16—18点关闭，这样既可避免热害，又可防止夜间温度过低。

（2）侵染性病害。

病毒病、立枯病是漂浮育苗生产中的主要病害。

病毒病。大田移栽前5~7 d采用烟草花叶病毒（TMV）、烟草马铃薯Y病毒（CMV）、黄瓜花叶病毒（PVY）快速检测试纸条（卡）检测烟苗带毒率。病毒检出率<0.1%，烟苗可用，但须剔除带毒点及周围烟苗，并在大田及时预防；病毒检出率≥0.1%

时不宜移栽。

发生烟草立枯病的苗床，可用80%代森锌或70%甲基硫菌灵均匀喷施。

（3）控制绿藻。

苗床空气湿度过高，或采用腐熟不充分的秸秆为基质材料，或水面直接受光时易产生绿藻。绿藻对成苗期的烟苗影响不大。控制绿藻的具体做法如下：

①制作苗池时，依照格盘的数量确定苗池的大小，尽可能使格盘摆放后不暴露水面，若有露出水面的地方，宜用其他遮光材料将其覆盖。

②采用黑色塑料薄膜铺池。

③加强通风，降低棚内湿度。

5. 炼苗

炼苗时须保留防虫网。

在移栽前5～15 d（成苗素质较高的炼苗时长可稍短，如5～10 d；成苗偏嫩偏快的炼苗时长可稍长，如7～15 d）采取控水、控肥、昼夜通风等措施炼苗，以烟苗不发生伤害性萎蔫为度。

6. 烟苗生长调控

当接近预定移栽期而烟苗未成苗，应采取措施促进烟苗的生长，具体措施包括：

（1）适当增加施肥用量。

（2）加强苗床保温，增加光照。

（3）减少烟苗剪叶量和剪叶次数。

当未到移栽期而烟苗接近成苗时，应采取措施控制烟苗生长，具体措施包括：

（1）适当控水控肥。

（2）增加通风时间，降低棚内温度。

（3）适当增加烟苗剪叶量和剪叶次数。

（4）适当移动苗盘位置，切断烟苗根系与地面的接触。

7. 消毒技术

（1）育苗前的消毒。

①育苗场地消毒。

育苗大棚　在育苗场地及其四周施用除草剂除草，喷洒广谱型的杀菌剂和杀虫剂。播种前60 d先将育苗大棚内外的杂草和其他杂物清理干净，播种前30 d用甲基二硫代氨基甲酸钠60倍液喷洒到池埂、池底土和棚内四周，密闭熏蒸消毒7 d后开棚通风；3 d后，用广谱型的杀虫剂喷洒到棚内四周，密闭3 d再开棚通风。育苗前7 d，用40%六氢-1, 3, 5-三（2-羟乙基）-均三嗪150倍液喷洒到池埂、池底土和棚内四周，再次喷洒广谱型的杀菌剂和杀虫剂，密闭3 d后开棚通风，通风3 d后即可开始育苗。

育苗小棚 对育苗场地及其四周进行除草。首次使用的防虫网、盖膜、遮阳网、棚架和池膜不需要消毒。再次使用的防虫网、盖膜、遮阳网和棚架等用40%六氢-1, 3, 5-三（2-羟乙基）-均三嗪150倍液消毒。播种前应对育苗场地消毒，用维绿粉剂400倍液或消毒灵400倍液、40%六氢-1, 3, 5-三（2-羟乙基）-均三嗪150倍液等消毒液对场地周围、拱架进行喷雾消毒；或用漂白粉干粉撒施在育苗池和苗棚四周杀灭病菌。同时，做好虫害防治工作。

②格盘、池膜消毒。新格盘、池膜可不消毒。旧格盘、池膜应提前3 ~ 7 d进行消毒，消毒剂可使用40%六氢-1, 3, 5-三（2-羟乙基）-均三嗪150倍液或二氧化氯（按使用说明施用）或30%漂白粉10倍液等。具体消毒处理方法如下：

——喷洒和浸湿，然后用塑料膜覆盖保湿2 ~ 6 d，延长时间效果更好。

——直接浸泡20 min以上，延长时间效果更好。

——处理后用清水清洗，防止影响出苗率，晾干后方可铺垫或装盘播种。

（2）剪叶过程消毒。

剪叶工具的消毒可使用30%有效氯漂白粉10倍液或98%磷酸三钠10倍液或7%有效氯的次氯酸钠150倍液或75%乙醇，接触剪叶工具3 min以内；也可用10%二氧化氯200倍液，接触剪叶工具3 ~ 30 min；或者用40%六氢-1, 3, 5-三（2-羟乙基）-均三嗪150倍液，接触剪叶工具30 min以上。在剪叶前后，烟苗应喷施病毒抑制剂预防病毒病。剪叶后应及时清除残叶，保持育苗盘盘面及育苗场地的清洁。

（3）移栽结束后格盘消毒。

移栽结束后，要先进行格盘消毒和清洗，然后再保存。首先冲刷掉黏附在格盘上的基质和烟苗残体，将消毒剂均匀喷洒在格盘上，或将格盘在消毒液中浸湿后堆码，用塑料布覆盖，在太阳下密闭7 ~ 10 d。利用高温高湿和消毒药剂，加快格盘上烟草残体的腐烂和病原菌的死亡，消毒后用清水洗干净。

移栽结束后未消毒的格盘，下年度重复使用前，应经过严格的2 ~ 3次消毒才能使用。

8. 育苗材料的回收和贮藏

格盘、薄膜等育苗材料清洗和消毒后贮藏在清洁、干燥、安全的地方。

第四节 “三先”技术要点与应用

在烟草种植管理过程中，通过“三先”技术，可以为烟株的生长创造良好的土壤环境和气候条件，从而提高烟叶的产量和质量。“三先”技术指的是先施肥、先起垄、先覆膜。以下是这3项技术的具体介绍。

1. 先施肥

在移栽前先施肥可确保烟草生长初期有足够的养分供应。施肥时需要根据土壤肥力情况合理确定施肥量和种类。

全面推广平衡施肥技术，明确“稳氮、稳磷、稳钾、补微”的施肥策略，落实有机无机相结合施用方案，烤烟亩施化学总氮量原则上稳定在5.5 ~ 7.5 kg/亩范围之内、平均值稳定在6.5 kg/亩，鉴于湖北省烟区土壤磷素积累量增多，应适当降低施磷量，氮磷比调整到1：（0.8 ~ 1.2），氮钾比保持在1：（2.5 ~ 3）。禁止生产大水大肥烟草，防止烟草贪青晚熟。施肥方法。实行“一基一提一追”施肥方法，“一基”，即基肥（包括约95%氮素、100%磷素、60%钾素，主要为复合肥、磷肥、生物有机肥、农家肥、饼肥、绿肥等）在进行“三先”技术时起浅沟或平地条施，后起垄。

2. 先起垄

起垄是烟草种植的重要环节，通过起垄可以改善土壤的通气性和排水性，有利于烟株根系的生长和发育。起垄的高度和宽度应根据当地的土壤条件和种植习惯进行调整。

综合湖北省烟区气候、地理条件以及劳动力状况来看，一般按移栽期提前25 ~ 30 d开始起垄比较适宜。过早会出现土壤板结、肥料流失，偏迟会贻误适时移栽工作。各地要结合本地实际具体指导，一些大户、机械化不足且土壤疏松区域可以早起垄、先起垄，一些小户、易板结土壤、坡地（肥料流失大）可以迟起垄、后起垄。不要在雨天和初晴天土壤泥泞时进行作业，其对土壤结构的破坏非常严重。起垄后及时覆膜，可以进一步提高土壤温度，保持土壤湿度，促进烟苗的早生快发。

3. 先覆膜

覆膜是“三先”技术中的最后一环，也是关键环节。覆膜可以有效减少土壤水分蒸发，保持土壤湿度，提高土壤温度，促进烟苗的生长。同时，覆膜还可以抑制杂草生长，减少病虫害的发生。覆膜时需注意膜要拉紧、压实，确保膜与垄面紧密贴合。

为保证适宜密植要求，垄间距保持在1.1 ~ 1.2 m为宜，以1.2 m规格为主，少数肥力差、坡地可采用<1.2 m规格。垄面平整，土粒细碎，垄体饱满平直，无坑洼。垄体水分适宜，适墒（田间持水量在60% ~ 70%）覆膜。地膜绷紧贴实，有利于控制草害，对于提早起垄尤为重要。垄高达到30 cm，覆膜沉降后垄高不低于25 cm；地下水位高和根茎部病害发生田块，垄高要达到35 cm，覆膜沉降后垄高不低于30 cm；坡地起垄高度可适当降低，垄高25 cm，覆膜沉降后垄高不低于20 cm。平槽土、坝田要开围沟，大田块要开腰沟。平槽土、坝田垄沟低于“井窖”底3 cm以上，以利于“井窖”排水。禁止在垄体内、垄沟、田边等区域施用除草剂。

第五节　科学移栽技术

根据不同区域生态特点确定移栽期。海拔800 m以下烟区4月15—20日移栽；海拔800～1 000 m烟区4月25—30日移栽；海拔1 000～1 200 m烟区5月1—5日移栽，海拔1 200 m以上烟区5月15日前完成移栽。移栽期的安排要实行“四严一灵活”：小壮苗标准移栽要严格、避雨移栽要严格、集中移栽（同一区域5 d以内、同一农户3 d以内）要严格、最后期限完工要严格、具体移栽时间要灵活。

一、移栽规格

根据不同区域生态特点和土壤肥力确定移栽密度。海拔1 200 m以下的烟区：平槽地1 010株/亩（120 cm×55 cm）；坡地（缓坡地）1 111株/亩（120 cm×50 cm）。海拔1 200～1 400 m的烟区：1 010株/亩（120 cm×55 cm）。海拔1 400 m以上的烟区：平槽地926株/亩（120 cm×60 cm），坡地（缓坡地）1 010株/亩（120 cm×55 cm）。

二、移栽方法

“井窖”式移栽按照“三要、三不、五适宜”的技术规程执行，即“要带土、要选苗、要防虫，壁不紧、肥不重、苗不见，适宜烟苗大小、适宜移栽期、适宜‘井窖’规格、适宜带水量、适宜封口时间”。

（一）“三要”

一是要带土，烟苗丢入“井窖”，带入少量松散壤土，或用木棍在“井窖”口轻轻搅动，将少量土落入“井窖”底，以覆盖根部为宜。二是要选苗，移栽时选择大小均匀一致、长势健壮、无病虫害的烟苗进行移栽，坚决杜绝根系不发达导致基质都带不起的烟苗进烟田。三是要防虫，移栽完毕后，适时在“井窖”内撒施防治蛞蝓类药剂。

（二）“三不”

一是壁不紧，“井窖”壁不能光滑紧实，与垄体土壤不能形成隔离层，否则会影响根系生长与“井窖”排水能力。二是肥不重，移栽用营养液浓度不能高，控制在0.5%浓度以内。三是苗不见，移栽后，烟苗落入“井窖”内，远看不见苗。

（三）“五适宜”

一是适宜烟苗大小。二是适宜移栽期。三是适宜“井窖”规格，井口直径9～11 cm，“井窖”深度15～18 cm，烟苗丢入“井窖”后距井口3～5 cm；平槽土、坝田等确保“井窖”底高于垄沟3 cm以上，利于“井窖”排水。对垄体土壤疏松的平坝、缓坡烟田提倡进行机械打孔，对黏性较大的重壤或坡度较大的烟田建议使用人工打孔。四是适宜带水量，移栽时带水量要根据垄体墒情及外界天气状况进行调整，垄体墒情好的带水量以100～150 mL/穴为宜，中等的以200～250 mL/穴为宜，较差的以300～500 mL/穴为宜。雨天可不带水或减少带水量。封口时也应根据垄体墒情适时调整灌溉量。五是适宜封口时间（详见本章第六节大田高效管理“因地适时封口”）。

第六节　大田高效管理

一、适时提苗

移栽时带0.5%的含氮营养液和移栽后10～15 d沿“井窖”壁淋施0.5%的含氮营养液，提苗肥浓度严格控制在要求范围内，防止肥害。

二、适时填井

在移栽后15 d左右，烟苗生长点高出“井窖”2～3 cm时用土填井。可用木棍轻轻搅动“井窖”口，让“井窖”口土自然回填“井窖”。填井土适量即可，切忌填严填实。应结合提苗肥操作同步进行，操作过程中尽量减少用手触摸烟苗。

三、适时追苗

在烟苗移栽10～15 d，距烟苗10 cm处打孔（15 cm深），穴施后淋水，再封施肥口；对于追施硫酸钾区域，在烟苗移栽后25～30 d，距烟苗20～25 cm处打孔（15 cm深），穴施后淋水，再封施肥口，或结合封“井窖”壅蔸一起进行。

四、揭膜

（1）揭膜时期。地膜覆盖烟田烟株根系分布浅，抗旱能力差，烟株生长后期易早衰，且会加速土壤有机质的矿化。因此，烟草地膜覆盖必须针对不同烟区的生态条件，采用相应的配套栽培技术，才能充分发挥地膜覆盖的作用。

当地膜覆盖的主要任务完成后，继续覆盖地膜对烟草产量和品质已经无好的作用，应当及时揭去地膜。一般情况下，在烟草移栽前或移栽时盖膜，移栽后35～40 d，或烟株进入团棵期应揭膜培土，以充分发挥地膜覆盖的优势，克服其劣势。

（2）揭膜方法。多采用人工揭膜方法，揭膜时要将烟垄上的地膜清理干净，回收地膜，清除杂草，然后中耕培土，防止地膜残留在田间污染土壤。

五、中耕培土

（一）中耕

1. 中耕的作用

（1）疏松土壤，提高地温。

（2）蓄水保墒，调节土壤水分。

（3）蹲苗促根，提高土壤通透性。

（4）清除杂草、减少病虫害。

2. 中耕技术

第一次中耕在烟苗栽后一周左右。这时为返苗期，是烟苗恢复生长的阶段，以根系生长为主，低温和干旱是烟草生长发育的主要限制因子，中耕以保墒、保苗、清除杂草为目的，并起到调节移栽时由于局部灌水而造成的土壤水分差异。此次中耕易浅锄、碎锄，破除板结，切忌伤根或触动烟株。

第二次中耕一般在栽后20 d前后，可结合追肥培土进行，是烟草生长季节中仅有的一次深中耕。这次中耕要求锄深、锄透、锄匀，以烟株为中心，由浅而深，一般行间耕深10 ~ 14 cm，株间耕深5 ~ 7 cm，并结合培土进行。

第三次中耕一般在第二次中耕后10 ~ 15 d进行，在团棵期前后，南方烟区可结合培土上高厢进行。此次中耕宜浅，一般5 cm左右，以疏松表土、减少土壤水分消耗、清除杂草为目的，以免损伤根系。干湿交替频繁的条件下，可进行第四次中耕，其作用和方法同第三次中耕。

（二）培土

1. 培土的作用

（1）加厚活土层，扩大烟株营养吸收面积。

（2）促进烟株不定根的发生。

（3）有利于烟田灌溉和排水。

（4）增强烟株抗倒伏能力。

（5）减少病虫害发生。

（6）便于田间操作。

2. 培土技术

（1）培土时间。烟田一般进行两次培土，第一次在移栽后20 d左右进行，可结合追肥进行低培土；第二次在团棵期（移栽后30 ~ 35 d）进行高培土。若采用一次培土，以团棵期为宜。

（2）培土高度。培土高度要根据气候条件、地势及土壤特性而定。一般来说，北方烟区培土较低，以15 ~ 20 cm为宜，南方烟区雨水较多，培土较高，以20 ~ 25 cm为宜。地下水位高、雨水多、风力大的地区培土高度还可适当增高。

六、因地适时封口

在杂草较旺、易倒伏、根系生长受阻或盐渍化较重等区域，当烟株有7 ~ 8片叶时，叶片盖住“井窖”口时，除草扩膜后，用垄体土封口。封口前喷施预防病毒病药剂，可结合追施硫酸钾同时进行，且封口时间不宜过早。

七、适时打顶和适当留叶

对于大田烟株长势整齐一致、营养合理的，50%烟株的中心花开放时一次性打顶，花下达到20 cm的叶片必须保留，打顶后留叶数为18 ~ 22片。对于土质瘦薄、生长势较弱的烟株在现蕾期打顶，在花蕾刚长出4 ~ 6 cm，花蕾与嫩叶能截然分开时，将花蕾、花梗连同附着的2 ~ 3片花叶（小叶）一起打去。对于土壤肥力过高，肥水条件过好，长势过强的烟株，应在盛花期打顶，在花枝开放占全田的50%以上时，将主茎顶部连同花枝下的小叶一起打去，花下达到25 cm的叶片必须保留。打顶时，统一采取刀削斜面，晴天上午进行打顶，以利伤口迅速愈合。打顶后必须将花芽花梗及时清除出田间处理，保证田间清洁卫生。打顶后15 d左右，烟株呈“腰鼓形”或“近筒形”，不得出现“塔形”和“伞形”烟株。

八、排水管理

对于平田、坝田、易积水和土传病害较重田块实施“三沟”技术，垄高达到35 cm，腰沟、边沟比垄沟低5 ~ 10 cm，主排水沟比垄沟低15 cm以上。

第七节　病虫害综合防控

一、防控对象

1. 主要害虫

湖北省烟草主要害虫为烟青虫、斜纹夜蛾、小地老虎和烟蚜。

（1）烟青虫。烟青虫主要为害烟草、辣椒、番茄、棉花等，在不少烟区常与棉铃虫混合发生。在烟株现蕾以前，以幼虫集中为害顶芽嫩叶，造成孔洞；烟株现蕾后，蛀食花蕾及果实。烟青虫幼虫孵出后即分散为害，初孵幼虫先取食卵壳，然后取食嫩叶表皮组织，形成孔洞或缺刻；也可蛀食蕾、嫩果等。初龄幼虫昼夜取食，并有吐丝下垂的习性。3龄后食量增大，能转株、转果为害，白天多潜伏于寄主叶下或土缝间，夜晚出来活动为害，取食叶片和嫩茎。现蕾后取食嫩蕾，开花后取食花、茎及蒴果，幼虫有自残性和假死性（图2-2）。

图2-2　烟青虫为害症状

（2）斜纹夜蛾。斜纹夜蛾以幼虫咬食叶片、花蕾、花及果实，初孵幼虫群集为害，初龄幼虫啮食叶片下表皮及叶肉，留下叶脉和表皮，形成筛网状花叶；4龄以后进入暴食期，幼虫咬食叶片，仅留主脉，使烟叶失去商品价值（图2-3）。

图2-3　斜纹夜蛾为害症状

（3）小地老虎。小地老虎以幼虫为害移栽至团棵期的幼苗，常切断幼苗近地面的茎部，使整株死亡，造成缺苗断垄（图2-4）。

图2-4　小地老虎为害症状

（4）烟蚜。烟蚜以成蚜、若蚜刺吸为害烟株叶片、嫩茎、花等，现蕾前烟株受害最重，受害烟株生长缓慢，叶片皱缩、变薄，不仅降低产量，且易诱发煤污病，导致调制后的烟叶品质下降。烟蚜还可传播多种病毒，如黄瓜花叶病毒、马铃薯Y病毒和烟草蚀纹病毒等，造成损失往往大于直接为害，严重威胁烟叶生产（图2-5）。

图2-5　叶片上的烟蚜

2. 主要病害

湖北省主要烟草病害为烟草病毒病（烟草普通花叶病毒、黄瓜花叶病毒、烟草马铃薯Y病毒）、烟草青枯病、烟草根腐病、烟草黑胫病、烟草赤星病和烟草靶斑病。

（1）烟草病毒病。

①烟草普通花叶病毒病（图2-6）。烟草普通花叶病毒病在烟草整个生育期均可发生，移栽后20 d至旺长期为发病高峰时期。

苗期症状。幼苗感病后，先在新叶上出现脉明症状，以后蔓延至整个叶片，形成浅绿与深绿相间的花叶症状，并常常伴随着叶片的扭曲和叶片呈泡状。病叶边缘有时向背面卷曲。发病烟叶厚薄不均，甚至叶片皱缩扭曲呈畸形，有缺刻，严重时叶尖呈鼠尾状或带状。

大田症状。早期发病烟株节间缩短、植株矮化、生长缓慢。接近成熟的烟株感病后，只在顶部嫩叶及幼嫩的烟杈上表现出花叶症状，但有时顶部叶片也出现坏死斑块，这与感病叶片更易受日灼危害有关，称为花叶灼斑。

图2-6　烟草普通花叶病毒病症状

②黄瓜花叶病毒病。黄瓜花叶病毒病在全生育期均可发病，以大田期发病较多，旺长期为发病高峰。发病初期先在心叶上表现脉明和沿叶脉的褪绿和黄化，随着发病加重，整片叶表现为黄化，革质化无光泽，叶缘上卷，叶面形成泡斑。严重时叶肉组织变窄，烟叶常呈狭长状，甚至消失，仅剩主脉，形成鼠尾状；发病植株随发病早晚不同表现不同程度矮化和发育不良。烟草黄瓜花叶病毒病症状与烟草普通花叶病毒病症状的显著区别是：烟草黄瓜花叶病毒病病叶边缘向上翻卷，叶基部伸长，茸毛脱落成革质状，根系发育不良；而烟草普通花叶病毒病病叶边缘向下翻卷，叶基部不伸长，茸毛不脱落，根系受影响不大（图2-7）。

图2-7　黄瓜花叶病毒病症状（泡斑、鼠尾状症状）

③烟草马铃薯Y病毒病。烟草马铃薯Y病毒病自幼苗到成株期都可发病，但以大田成株期发病较多。该病为系统侵染，整株发病。脉坏死症状：病株叶脉变褐色到黑色坏死，有时坏死延伸至主脉和茎的韧皮部，病株叶片呈污黄色，叶片变厚，根部发育不良，须根变褐色，数量减少。在某些品种上表现病叶皱缩，向内弯曲。点刻条斑症状：发病初期病叶先形成褪绿斑点，之后叶肉变成红褐色的坏死斑和条纹斑，多发生在烟株上部2～3片叶，但有时整株发病（图2-8）。

脉坏死症状

点刻条斑症状

图2-8　烟草马铃薯Y病毒病症状

（2）烟草青枯病。烟草青枯病由青枯劳尔氏菌侵染引起。该病害主要发生于根部，病菌多从烟株一侧的根部侵入，发病初期，先是病株一侧有少数叶片软化萎蔫，但仍为青色，故称为“青枯病”。直到发病中期，烟株表现一侧叶片枯萎，另一侧叶片似乎生长正常，这种半边枯萎的症状可作为与其他根茎类病害的重要区别特点。此时若将病株连根拔起，可见发病一侧的许多支根变黑腐烂，而叶片正常生长一侧的根系大部分生长正常，若将茎部横切，可见发病一侧的维管束呈黄褐色至黑褐色，用力挤压，可见黄白色的乳状黏液渗出，即为菌脓。随着病情的发展，病害从茎部维管束向外部薄壁组织扩展，细菌大量增殖，暗黄色条斑逐渐变成黑色条斑，可一直延伸到烟株顶部。到发病后期，病株全部叶片萎蔫，根部全部变黑腐烂。病菌也可从叶片侵入，使叶片迅速软化，初为青绿色，1～2 d后即表现为叶脉变黑，叶肉为黄色的网状斑块，随后变褐变干。病菌从叶片侵入发展的速度比从根部侵入慢。烟草青枯病极少整田发生，多为局部或零星发生（图2-9）。

黑色条斑、全株萎蔫

烟株茎秆横断面、菌脓溢出

病菌由叶片侵染

图2-9　烟草青枯病症状

（3）烟草根腐病。烟草根腐病由镰刀菌侵染引起，在苗期和大田均可发生。烟苗受侵染后，生长发育不良，叶片发黄，根系变褐腐烂。大田烟株受侵染后，发病初期下部叶片变黄萎蔫，生长缓慢。发病后期整株变黄萎蔫，根部腐烂变褐，拔起病株时，可见根系明显减少，褐变根系皮层极易破碎脱落，仅剩木质部，且明显变黑。病根部在环境潮湿时可见有白色至粉红色霉层，接近地表部分常出现新生根。严重病株整株枯死，无采收价值（图2-10）。

图2-10　烟草根腐病苗期和大田发病症状

（4）烟草黑胫病。烟草黑胫病由烟草黑胫病菌侵染引起，为害部位主要为烟草的根和茎基部，其上形成黑色凹陷的病斑，故称“黑胫病”（图2-11）。大田期，烟草黑胫病主要表现为萎蔫、“穿大褂”、碟片状、“黑膏药”等症状。烟株被烟草黑胫病菌侵染后，首先是在烟株茎基部出现黑色凹陷的病斑，下部个别叶片凋萎，特别在中午时分叶片凋萎更为明显，随着烟茎上的病斑迅速向上和横向扩展，随后叶片自下而上变黄凋萎，悬挂在茎上，烟农形象地将其称作“穿大褂”。当病斑扩展到烟茎的1/3以上时，被病菌侵染的烟株基本死亡，有时在顶部残存少量小的绿叶和花芽，在这样的病株上采收的萎蔫叶片基本上无使用价值。将发病烟茎纵向解剖，可看到髓部干缩成褐色的碟片状，碟片之间有稀疏的白色菌丝，这是烟草黑胫病区别于其他根茎病害的主要特征。一般情况下，烟草黑胫病菌在叶片上很少造成为害，但若在烟草生长季节遇到多雨，由于雨点飞溅，将

“穿大褂”症状和茎基部坏死症状

碟片状症状

“黑膏药”症状

图2-11　烟草黑胫病症状

土表或茎基部病斑上的孢子传播到下部叶片上引起叶片侵染，形成圆形的大病斑，被称为“猪屎斑”或“黑膏药”。病斑初为水渍状暗绿色，随后病斑迅速扩大，中心变淡呈黄褐色坏死，边缘有淡黄绿色的条带围绕，常有水渍状淡绿色相间的轮纹。病斑直径可达5 cm以上，其大小是任何叶斑病的病斑都不可比拟的。

（5）烟草赤星病。烟草赤星病由链格孢菌侵染引起，在烟草整个生育期都有可能发生，在成熟期发病最为严重，主要侵染烟草叶片，严重时还会侵染烟草的茎秆、花梗、蒴果等。病害多在烟株打顶后，下部叶片进入成熟阶段开始发病。烟草赤星病先从下部烟株叶片开始发生，随着叶片的成熟，病斑自下而上逐步发展。病斑最初为圆形、黄褐色小斑点，以后变成圆形或不规则形病斑，呈褐色，病斑产生明显的同心轮纹，边缘明显，外围有淡黄色晕圈。病斑的大小与湿度有关，湿度大则病斑大，干旱则病斑小，最初病斑大小不足0.1 cm，湿度大时，病斑可扩展1～2 cm；病斑中心一般有深褐色或黑色霉状物。天气干旱时，病斑质脆、易破，有可能在病斑中部产生破裂，病害严重时，许多病斑会相互连接合并成片，致使病斑枯焦脱落，进而造成整个叶片破碎而无使用价值。茎秆、蒴果等侵染部位上产生许多小而深褐色或黑色的圆形或椭圆形凹陷病斑（图2-12）。

烟草赤星病大田受害症状

赤星病病叶　　赤星病病斑　　叶脉上赤星病

图2-12　烟草赤星病症状

（6）烟草靶斑病。烟草靶斑病由立枯丝核菌侵染引起，在烟草苗期和成株期都可以发生，尤以大田烟株开始成熟时的叶片上发生较重。①幼苗症状。病苗初期症状为幼叶上出现小而圆的水渍状斑点，1～2 d可扩展成直径2～3 mm的圆斑，迎光观察呈现网纹状；幼茎也可受害，病斑椭圆形，稍凹陷，易导致烟茎腐烂或溃疡。②大田症状。烟草靶斑病在大田整个生育期都可发生，病斑初为小而圆的水渍状斑点，直径2～3 mm，如温湿度适宜，病斑扩展为不规则形，直径可达2～10 cm，病斑呈褐色，常有同心轮纹，周围有褪绿晕圈，病斑的坏死部分常碎裂脱落而穿孔，形如射击后在靶子上留下的孔洞，故称靶斑病；空气湿度大时，病斑背面会出现白色毡状霉层；发病后期常常多个病斑愈合成片，使整个叶片丧失烘烤价值（图2-13）。

苗期叶片受害状

大田期叶片受害状

（大田期叶片受害状从左起依次为：同心轮纹、病斑连片、病斑坏死部分破碎）

大田受害状

图2-13　烟草靶斑病症状

二、防控原则

1. 坚持预防为主

贯彻“预防为主，综合防治”植保工作方针，重视农业防治、物理防控、生物防治等预防措施，减少病、虫源基数。

2. 坚持系统防控

综合考虑本区域烟草病害、虫害发生种类、发生规律等，整体推进烟草病害、虫害系统防控。

3. 坚持经济安全

优先运用监测预警、农业防治、物理防治、生物防治技术进行烟草病虫害防控，科学、合理、精准、安全使用高效低毒低残留化学药剂，使病虫为害造成的经济损失和化学药剂对环境的影响降到最低程度。

三、防控技术

1. 监测预警

按照《烟草害虫预测预报调查规程》（YC/T 340）、《烟草病害预测预报调查规程》（YC/T 341）、《烟草病虫害分级及调查方法》（GB/T 23222—2008）的要求定期对烟田进行巡查，及时监测病虫害发生情况，建立病虫害监测网络。

2. 农业防治

（1）品种选择。以烟草工业对烟叶品质的需求为导向，结合主要病虫害防控对象，选用优良抗/耐病品种。

（2）烟田规划。宜选择阳光充足，坡度小于25°，排灌方便，地力条件适中，往年无严重病害发生，前茬为非茄科作物，且2年内未使用过除草剂的田块。

（3）合理轮作。可与玉米、荞麦、万寿菊等作物轮作，避免与茄科、十字花科等作物轮作或间（套）作，不应在蔬菜商品化种植区和马铃薯连片种植区相间、相邻种烟。

（4）土壤保育。根据各烟区植烟土壤实际情况，合理推行种植绿肥、冬耕晒垡、撒施石灰等土壤保育措施，提高土壤酸碱度，减少土壤病、虫源基数。

（5）培育壮苗。按《烟草集约化育苗技术规程》（GB/T 25241）中规定的技术要求执行。

（6）畅通排水。易积水的烟田采取起高垄、开深沟（含边沟、腰沟等），不应出现烟地积水和流水串灌现象。

（7）健康栽培。配方施肥、合理密植、适时打顶、合理留叶。

（8）清洁烟田和贮烟环境。及时清除底脚叶、病残体、烟花、烟杈，集中深埋或堆沤处理，保持田间通风透光，烟叶采完后30 d内拔除烟秆并集中处理。对烤房、编烟棚、烟仓等设施与环境彻底清扫。农药、肥料等包装废弃物和农膜应集中回收处理。

3. 物理防控

（1）色板诱杀。育苗期，在育苗大棚进出口、通风口处挂放黄板；烟株移栽期至团棵期，平行于垄向在烟田放置黄板，黄板底部高出垄面50 ~ 60 cm，每亩放置40 ~ 60片，阻断有翅蚜迁飞。

烟田使用的诱虫板应符合《植物保护机械　诱虫板》（GB/T 24689.4—2009）中的规定，在释放天敌防控虫害前应撤除诱虫板。

（2）灯光诱杀。在越冬代成虫发生前，采用频振式杀虫灯诱杀斜纹夜蛾、烟青虫、小地老虎等夜蛾科害虫成虫，每33 350 m^2（50亩）设置1盏杀虫灯进行夜间灯光诱杀，杀虫灯应符合《植物保护机械　杀虫灯》（GB/T 24689.2—2017）的规定。

（3）性信息素诱杀。

①诱捕器选择。烟草夜蛾科主要害虫诱捕器种类包括锥式诱捕器与桶型诱捕器。田间诱杀小地老虎、烟青虫或棉铃虫宜选用锥式诱捕器（图2-14）；田间诱杀斜纹夜蛾宜选用桶型诱捕器（图2-15）。

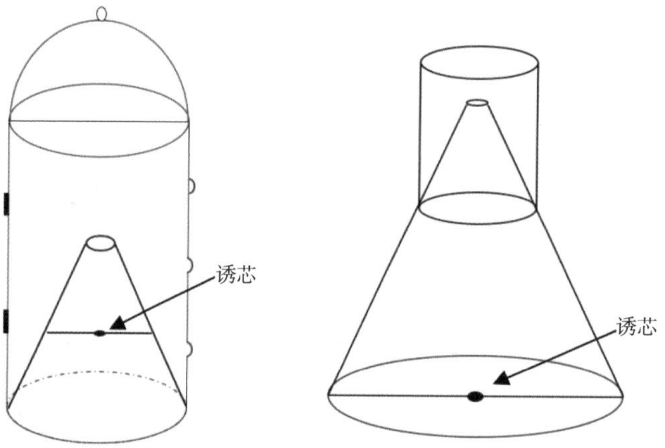

图2-14　锥式诱捕器

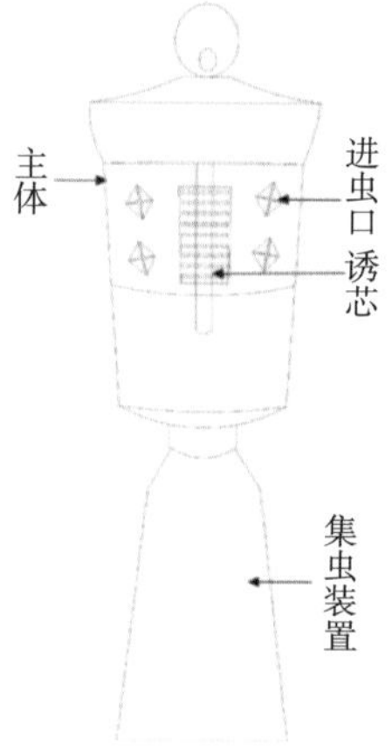

图2-15　桶型诱捕器

②诱捕器田间布置及性诱剂诱芯的安装。

同种性诱剂诱捕器的田间布置。宜于2 hm^2以上连片烟田设置诱捕器，密度为15个/hm^2，田间呈棋盘形布置。前茬为油菜、蔬菜等作物的烟田及烟田周边宜适当增大诱捕器密度。

不同性诱剂诱捕器的田间布置。在同一连片烟田使用多种性诱剂时，不同种诱芯的诱捕器间距宜大于10 m，同种诱芯的诱捕器安装间距按“同种性诱剂诱捕器”要求布置。

性诱剂诱芯的安装。1个诱捕器放置1种性诱剂1枚诱芯。田间使用两种以上诱芯时，安装完一种性诱剂诱芯后宜洗净手后再安装另一种的诱芯，也可分组安装。

③诱捕小地老虎。

使用时期。根据当地小地老虎发生规律，宜于烟苗移栽前45～60 d，在田间安置诱捕器诱杀，至团棵期结束。成虫监测参照《烟草害虫预测预报调查规程　第3部分：小地老虎》（YC/T 340.3—2010）规范执行。

诱捕器安装高度。有前作的烟田诱捕器安装高度宜高于前作植株20～30 cm。无前作的烟田诱捕器安装高度宜为100～120 cm。

④诱捕烟青虫。

使用时期。根据当地烟青虫发生规律，宜于烟田第一代成虫始见期前10～15 d或成虫首次迁入烟田前10～15 d（一般为移栽后30 d）安置诱捕器，至上部叶片采收结束。成虫监测参照《烟草害虫预测预报调查规程　第2部分：烟青虫、棉铃虫》（YC/T 340.2—2010）规范执行。

诱捕器安装高度。诱捕器安装高度宜为100～120 cm。

⑤诱捕斜纹夜蛾。

使用时期。根据当地斜纹夜蛾发生规律，宜于烟田第一代成虫始见期前10～15 d或成虫首次迁入烟田前10～15 d（一般为移栽后15 d）安置诱捕器，至中部叶片采收结束。成虫监测参照《烟草害虫预测预报调查规程　第4部分：斜纹夜蛾》（YC/T 340.4—2010）规范执行。

诱捕器安装高度。诱捕器安装高度宜为120～150 cm。

⑥诱芯的更换及诱捕器管理。

诱芯的更换。一般30 d左右更换1次诱芯，或根据诱芯商品的使用说明，定期更换诱芯。

诱捕器管理。诱捕期间，每5～7 d检查1次集虫装置，及时清理集虫装置中的虫体，灭杀、深埋。发现诱捕器有倾倒、损坏、遗失时，应及时维护、更换或补充。

（4）食诱。成虫羽化初期，可采用食诱剂诱捕小地老虎、烟青虫、斜纹夜蛾等鳞翅目害虫，每亩设置1个诱捕器，诱捕器底部高于烟株20 cm，诱杀时期参照上述“3. 物理防控（3）性信息素诱杀”中的要求执行。

（5）防虫网阻隔。在烟草育苗环节，育苗棚的门窗以及通风处覆盖40目尼龙网防虫。

4. 生物防治

（1）生态调控。烟株移栽后，可在烟田四周种植向日葵、万寿菊等，也可在烟田中套种大豆等蠋蝽栖息植物。

（2）天敌防控。

①烟青虫、斜纹夜蛾等鳞翅目害虫防控。

烟株大田期，可依据监测预警信息，在田间挂放蜂毒卡（寄生性天敌赤眼蜂搭载核型多角体病毒）防控虫卵，每亩挂放10 000～11 000头；也可在烟田释放捕食性天敌蠋蝽防控幼虫，每亩释放20～50头。

②蚜虫防控。

烟株旺长期，可依据监测预警信息，在田间释放烟蚜茧蜂防治烟蚜，具体操作按照

《烟蚜茧蜂防治烟蚜技术规程》（GB/T 37506—2019）中的规定执行。

（3）生物药剂防控。

①防控时期及方式。

生物药剂防控时期及方式如下：

在烟田整地起垄后至烟苗移栽前。采用生物杀虫剂拌土或穴施1～2次防治小地老虎，采用免疫诱抗剂喷雾处理烟苗1～2次预防烟草病毒病。

烟草团棵期至旺长期。采用生物杀虫剂于叶片正反两面喷雾处理1～2次防治斜纹夜蛾、烟青虫、烟蚜；采用生物药剂通过茎基部喷淋或灌蔸方式处理2～3次防治烟草青枯病、烟草根腐病、烟草黑胫病；采用免疫诱抗剂、生物药剂喷雾处理1～2次防治烟草病毒病、烟草靶斑病。

烟草成熟期。采用生物药剂于叶片正反两面喷雾处理1～2次防治烟草赤星病、烟草靶斑病。

②防控药剂。

防控靶标对应的部分生物药剂种类见表2-1。

表2-1　可用于烟草病虫害防治的部分药剂

防治对象		免疫诱抗剂	生物药剂
害虫	小地老虎		绿僵菌
	斜纹夜蛾		斜纹夜蛾核型多角体病毒、阿维菌素
	烟青虫		苏云金杆菌、苦参碱、阿维菌素
	烟蚜		烟碱、苦参碱
病害	烟草病毒病	超敏蛋白、氨基寡糖素、香菇多糖	宁南霉素、嘧肽霉素
	烟草青枯病		荧光假单胞杆菌、解淀粉芽孢杆菌、多粘类芽孢杆菌、贝莱斯芽孢杆菌
	烟草根腐病		枯草芽孢杆菌、木霉菌
	烟草黑胫病		枯草芽孢杆菌、木霉菌
	烟草赤星病		多抗霉素、嘧肽·多抗
	烟草靶斑病		井冈霉素

5. 重点防控目标

（1）重点防控烟草病毒病、烟草青枯病、烟草黑胫病、烟草镰刀菌根腐病、烟草靶斑病、烟草赤星病、气候斑点病、烟蚜、斜纹夜蛾、烟青虫、蛴螬、蛞蝓等，病虫为害损失率控制在3%以内。

（2）主要病虫害防控技术。

①烟草病毒病。加强苗床管理，全面使用集约化漂浮育苗，淘汰传统的小棚分散育苗；做好苗床生产管理和卫生消毒工作，尽早清除苗床周边杂草和非烟植物；严格落实纱网防蚜工作，尽量减少人为传毒。移栽后促进烟苗早生快发，提高烟苗自身抗性。烟草病毒病易发地区，在苗床、移栽、封口、打顶等农事操作前，采用8%宁南霉素1 600倍液、3%超敏蛋白微粒剂10 g/亩、20%吗呱·乙酸铜可湿性粉剂1 200倍液、0.5%香菇多糖水剂（抗毒丰）500倍液等进行预防。

②烟草青枯病。全面做好合理轮作、土壤保育、酸化治理和烟田排涝工作，优先使用微生物农药和修复菌剂。在封口期及旺长期，可采用复合微生物菌（2亿/g）100 g/亩、多粘类芽孢杆菌（0.1亿/g）1 700 g/亩或20%噻菌铜悬浮剂700倍液等进行灌根处理。生物药剂与化学农药不能混用，使用间隔时间要达到15 d以上。

③烟草黑胫病。做好合理轮作、土壤保育、酸化治理和烟田排涝工作。烟草黑胫病易发区域，发病前或发病初期采用枯草芽孢杆菌可湿性粉剂（1 000亿/g）45 g/亩、枯草芽孢杆菌粉剂（10亿/g）100 g/亩、58%甲霜·锰锌600倍液等进行灌根防治。生物药剂与化学农药不能混用，使用间隔时间要达到15 d以上。

④烟草镰刀菌根腐病。发病初期使用50%甲基硫菌灵可湿性粉剂500倍液、氟啶胺·戊唑醇1 000倍液、14%络氨铜水剂300倍液、苯醚甲环唑、精甲·咯菌腈、50%氯溴异氰尿酸可溶性粉剂1 000倍液、2.5%咯菌腈悬浮剂1 000倍液、14%络氨铜水剂300倍液或复合木霉菌500～1 000 g/亩等灌根，每株药液50 mL。

⑤烟草靶斑病。选择通风向阳田块，合理施用化学肥料，注意烟株营养平衡。烟草团棵期至平顶期时，推广1∶1∶（160～200）波尔多液2～3次进行预防。烟株打顶前后，及时清除病斑叶和不适用烟叶，保持烟田通风，减轻病原物传播。表现轻度症状时，及时使用井冈霉素进行叶面喷雾，或交替使用噻呋酰胺、吡唑醚菌酯和苯醚甲环唑进行叶面喷雾。

⑥烟草赤星病。烟叶达到成熟度要求后要及时采收，改善田间通透性，避免病原菌再次侵染，对病斑较多的叶片可提前采收以减少再侵染源。旺长期后可用波尔多液预防，发病初期，用40%菌核净1∶500倍液或多抗霉素可湿性粉剂1∶600倍液喷防，7 d 1次，连用2～3次，在采烤前15 d停止使用。

⑦气候斑点病。选择通风向阳田块，合理施用化学肥料，注意烟株营养平衡。烟蚜严格执行打顶抹杈技术，全面推广烟蚜茧蜂防治烟蚜技术和异色瓢虫防治烟蚜技术，严禁施用任何形式的化学农药。

⑧斜纹夜蛾。做好冬耕晒土工作。烟苗移栽时，在田间部署性诱剂和杀虫灯，杀灭越冬代成虫；烟草旺长期和团棵期，可选用斜纹夜蛾核型多角体病毒4 g/亩、16 000 IU/mg

（IU为活性单位）苏云金杆菌可湿性粉剂50 g/亩等防治。

⑨烟青虫。烟青虫的防治措施与斜纹夜蛾相似，但斜纹夜蛾核型多角体病毒防治效果不好。

⑩蛴螬。做好冬耕晒土工作和带药移栽工作。烟田布局太阳能杀虫灯杀灭成虫以减少虫口基数，在移栽时可选用150亿孢子/g白僵菌250 g/亩、150亿孢子/g绿僵菌250 g/亩、16 000 IU/mg苏云金杆菌可湿性粉剂50 g/亩等进行防治。

⑪蛞蝓。开好田间排水沟，保持排水良好，及时清理“井窖”周边的杂草。移栽时按3～5粒/穴用量使用6%四聚乙醛颗粒剂。

第八节　平衡施肥与水肥一体化技术

一、施肥原则

（一）氮磷钾养分平衡

实际生产中要首先注意氮素营养平衡，应保证氮素“前期足而不过，后期少而不缺”，保证烟株“发得起、控得住、退得下”，满足“少时富，老来贫，烟株长成肥退劲”的动态需求。一方面，要合理控制氮素施用量。如果施氮少，氮素供应不足，烟株营养不良，烤出的烟叶多为平滑叶，产量低，品质差；施氮过多，烟株氮素营养过剩，烟株成熟延迟，叶片不能正常成熟，烤出的烟叶多为棕褐色，烟碱含量过高，淀粉和糖量过低，虽然产量高，但品质较差。随施氮量的增加，烟株的株型发生变化，为塔形→筒形→倒塔形。施氮量是影响烟叶产量和产值的主要因素，留叶数、种植密度是次要因素。在一定范围内提高施氮量能增加烟叶产量、提高烟叶等级，但施氮量超过一定限度则会使烟叶的质量明显下降。另一方面，要合理分配氮肥中硝态氮肥、铵态氮肥和酰胺态氮肥的比例，硝态氮有利于柠檬酸和苹果酸的积累，能增强烟叶的燃烧性；铵态氮则能促进烟叶内芳香族挥发油的形成，增加烟草的香味。酰胺态氮，如尿素，其水解后呈碱性，对土壤酸碱度有一定调节作用。一般来说，在烤烟生产上，硝态氮肥使用比例控制在25%～50%较好。这样既能满足烟株前期迅速生长的氮素供应，也不会因肥料流失过多而造成中后期缺氮。同时，铵态氮肥和酰胺态氮肥比例也应根据具体情况进行调整。

由于烟草对磷的吸收量远较对氮、钾的少，仅为吸氮量的25%～50%，且吸收利用率低，仅为5%～10%，所以生产上的磷素施用量往往与氮量相当。在一般情况下，磷肥可根据土壤分析结果和所用复合肥有针对性地进行施用，不必单独再施用普钙或钙镁磷。钾素是烟草吸收量最多的营养元素，钾可以提高烟叶的燃烧性和吸食品质，故烟草含钾量亦被视为烟叶品质的重要指标之一。烟草对钾素的吸收量较大，钾肥营养应“充足供应”。氮、磷、钾的比例要根据田块中有效氮、磷、钾的含量做相应的调整。烟草生产中常用的氮、磷、钾比例为1：（1～1.5）：3。

（二）大、中、微量营养元素平衡

烟草生长发育必需的营养元素包括碳、氢、氧、氮、磷、钾6种大量元素，钙、镁、硫3种中量元素，以及铁、锰、锌、铜、钼、硼、氯、镍8种微量元素，这些元素之间存在着平衡的比例关系。平衡施肥应注重元素的种类齐全和配比均衡。优质烟叶的生长发育不仅需要氮、磷、钾等大量元素，而且对中微量元素的需求也同等重要，缺一不可。因此，烟草的完全、均衡营养是提高烟叶品质的关键，应符合烟株生长发育和品质形成的要求。生产中常出现的一个问题是施肥时对中微量元素的忽视，根据实际产区调研经验，湖北省大多数烟田在现有大量元素施肥基础上补充了镁、锌、硼等中微量元素，且采取将中微量元素加入烟草专用肥中进行施用的方式，起到了省工、降本的目的。

（三）有机肥与无机肥的均衡

有机肥料与无机肥料对烟区土壤的影响是多方面的，它们能够改善土壤环境、提高土壤肥力、促进烟草的生长发育和提高烟叶品质。因此，在烟草生产中，应合理施用有机肥料和无机肥料，以实现烟草的高产优质和可持续发展。有机肥料如生物炭、秸秆和蚯蚓粪肥等，能够显著改善土壤的理化性质，增加土壤中的有机质含量，改善土壤团粒结构，提高土壤保水保肥能力，增加土壤中速效磷、速效钾等养分的含量，为烟草的生长提供充足的营养。另外，有机肥料对土壤微生物群体结构也有积极影响，它们能够增加土壤微生物的多样性和活性，提高土壤微生物对养分的转化和利用能力。这有助于烟草根系对养分的吸收和利用，促进烟叶的生长发育。然而，单纯依赖有机肥料可能无法满足烤烟生长对养分的需求。因此，有机肥料与无机肥料配施成为一种有效的施肥方式。它结合了有机肥料的改良土壤性质和无机肥料的快速供肥特点，既能改善土壤环境，又能保证烟草的养分供应。研究表明，适宜比例的有机无机复混肥能够显著提高烟草的产量和品质，能够有效调节烟叶的碳氮代谢，提高烟叶的香气和口感。同时，有机无机复混肥还能提高肥料的利用率，减少养分的流失。但值得注意的是，不同种类的有机肥料和无机肥料对土壤的影响存在差异。因此，在选择施肥方式时，需要根据烟区的土壤类型、气候条件和烟草的品种特性等因素进行综合考虑。

（四）基肥与追肥的平衡

烟草生产中的基肥与追肥环节应当重视，应采取基肥为主、追肥为辅、基肥要足、追肥要早、因地制宜、灵活掌握的原则。追肥是在烟草生长过程中补充的肥料，常见的追肥方式包括叶面喷施和土壤追肥。追肥可以进一步满足烟株旺盛生长对养分的持续需求，避免脱肥早衰，同时保证烟株进入成熟期后肥料基本耗尽，促使烟叶适时成熟。叶面喷施可以快速补充烟草所需的养分，提高养分吸收效率，提高烟叶的产量和品质。土壤追肥则通过环施或在烟株两侧穴施等方式，为烟草提供必要的营养元素。土质较黏重及肥沃的田块，土壤持续供肥力强，控制施氮量，以基肥为主，少追或不追肥；土质疏松、保肥力差的砂壤土或肥力较低的田块，持续供肥力差，后劲小，生育后期供氮水平往往达不到要求，采用基肥与追肥相结合的方法，可以调节施肥总量，促使烟株生长一致。我国多数烟区土壤缺钾，部分缺磷，一定要加以补充。特别是前作和当季施氮水平较高的烟区，增施磷、钾肥尤其重要。雨水较多地区和南方烟区，肥料流失严重，应适当减少基肥比重，增加追肥比重和次数，适当延长追肥期（宜在移栽后40 d内追施）。

二、施肥技术

（一）施氮量及配方比例

肥料是作物增产提质的物质基础。就烟草而言，施肥不但是要增加单位面积的产量和经济效益，更为重要的是要提高烟叶品质，这是烟草施肥的最终目的。烟叶产品质量是土壤、气候环境与人为因素（品种、施肥等）综合作用的结果。在这一体系中，施肥是最大的可变因素，施肥首先影响土壤环境，进而影响烟叶产品质量，三者之间存在着必然的联系。而且，土壤与施肥问题是决定烟叶生产能否持续、稳定发展的重要因素。

1. 烤烟施氮量及比例

上等肥力土壤：施氮量为5～6 kg/亩，N：P_2O_5：K_2O为1：（1.0～1.5）：（3～3.5）；

中等肥力土壤：施氮量为6～7.5 kg/亩，N：P_2O_5：K_2O为1：（1.0～1.2）：（2～3）；

下等肥力土壤（瘠薄地、坡地）：施氮量为7.5～8.5 kg/亩，N：P_2O_5：K_2O为1：1：2；

水田改旱地：施氮量为3～5 kg/亩，N：P_2O_5：K_2O为1：（1.2～1.5）：（3.5～4.0）。

2. 白肋烟施氮量及比例

质量型：上等肥力土壤施氮量为15.0～18.5 kg/亩，N：P_2O_5：K_2O为1：1：2；中下等肥力土壤施氮量为18.5～22.0 kg/亩，N：P_2O_5：K_2O为1：1：2。

丰产型：上等肥力土壤施氮量为18.5～20.0 kg/亩，N：P_2O_5：K_2O为1：1：1.5；中下等肥力土壤施氮量为20.0～25.0 kg/亩，N：P_2O_5：K_2O为1：1：1.5。

（二）施肥时期和方法

烟草是以烟叶为收获物的卷烟工业原料作物，大田生产是烟叶质量的关键，在生长前期需要平衡且充足地供给各种养分，以促使植株正常生长，后期必须相对地控制养分吸收，使烟叶着好色、质量高。烟草生育期短，成熟集中，养分需要量大，生产100 kg烟叶（干重）需氮（N）2.3 ~ 2.6 kg、磷（P_2O_5）1.2 ~ 1.5 kg、钾（K_2O）4.8 ~ 6.4 kg，烟草对钾的需要远大于氮和磷。烟草不同栽培措施、生育期所吸收的养分有所差异。大田期烟草移植后25 d内，养分吸收不多，吸肥高峰在移植后40 ~ 70 d，氮吸收占总量的60%，磷占45%，钾占50%。以后吸收下降，收获前半个月内磷钾吸收又趋于上升，磷钾素分别占总量的35.9%和22.8%。

按照烟草大田施肥的时期分为基肥、前期追肥、叶面追肥等。施肥方法分为撒施、条施、穴施、肥料溶液灌根和肥料溶液喷施等。

1. 烟草基肥施用方法

基肥是指整地起垄时或移栽时施用的肥料，除为烟株提供营养以外，还对改良土壤性状有积极作用。在烟草种植过程中，基肥的作用非常重要，它不仅为烟株提供前期生长发育所需的养分，还可以促使烟株在大田前期和中期早发和健长，减少后期对养分的吸收。

（1）适宜作烟草基肥的肥料。生产上一般用厩肥、商品有机肥、发酵饼肥、绿肥、复合肥、重过磷酸钙或钙镁磷肥、硫酸钾、腐殖酸类肥料等作为基肥，但各地施用种类及数量多种多样。

（2）基肥占肥料总量的比例。提倡重施基肥，但为了减少损失，磷肥100%作为基肥，而一般多雨地区氮钾肥基施比例为50% ~ 60%，少雨地区氮钾肥基肥比例为70% ~ 80%。

（3）基肥的施用方法。起垄前基肥以条施、穴施居多。条施为起垄前开沟约15 cm深，施入配制好的基肥，然后再起垄。穴施为移栽前挖深为15 ~ 20 cm的穴，施入配制好的基肥后，覆盖待栽，该方法特点是肥料集中、固定损失少、强度大，但易产生肥害。有机肥目前以绿肥、商品有机肥、发酵饼肥等为主，其具体的施用方法如下。

①绿肥施用方法。翻压时期的选择对绿肥的肥效至关重要。豆科绿肥植株适宜的翻压时间为盛花至谢花期；禾本科绿肥植株最好在抽穗期翻压；十字花科绿肥植株最好在上花下荚期翻压。间、套种绿肥作物的翻压时期，应与后茬作物需肥规律相配合。翻压量一般根据绿肥中的养分含量、土壤供肥特性和植物的需肥量来考虑，每亩控制在1 000 ~ 1 500 kg。如果施用量过大，可能造成作物后期贪青迟熟。先将绿肥茎叶切成10 ~ 20 cm，然后撒在地面或施在沟里，随后翻耕入土壤中，深度根据耕作深度考虑，大田应控制在15 ~ 20 cm，不宜过深或过浅。绿肥的含氮量比较高，因此绿肥在翻压后，应配合施用磷、钾肥，既可以调整氮磷比，还可以协调土壤中氮、磷、钾的比例，从而充分发挥绿肥的肥效。对于干旱地区和干旱季节，还应因地因时灌溉，尽量保持充足的水分，加速绿肥的腐熟。在翻压过程中，要控制绿肥的翻压量，提高翻耕质量，以防止出现毒害。在酸性土壤中，应配合施用石灰，以中和土壤酸度，加速绿肥的分解。

②商品有机肥施用方法。秸秆类商品有机肥，C : N比较高，氮含量较低，即使能充

分发酵，仍有较多的纤维素不能彻底分解，因此，其改土作用优于肥效。按照原位归还的原则，施用量每亩以300～500 kg为宜。畜禽粪便类商品有机肥，C：N比较适宜，氮含量适中，充分发酵的畜禽粪便类商品有机肥易于分解转化，对改善烟叶质量有明显作用。施用量为每亩100 kg时，可在常规施肥的基础上减少1～2 kg化肥氮。

③发酵饼肥施用方法。饼肥类有机肥含氮量一般为4%～5%，每亩适宜施用量为15～30 kg。饼肥施用过多，往往会使中上部叶贪青晚熟，从而导致烟碱含量进一步提高。饼肥类有机肥C：N比小，氮含量高，容易分解转化，当季利用率高，对提高烟叶油分，改善烟叶质量有明显促进作用，是优质的有机肥。

2. 烟草追肥方法

烟草追肥应根据烟草生长发育规律及需肥特点进行，可以分为前期、中期和后期追肥。有研究表明，烟草在大田期可以施足底肥，不提倡追肥。在前期多雨或土壤保肥能力差时，将增大烟草施肥量和养分流失，因此应根据具体情况适量追肥。

（1）适宜的肥料种类。适合作追肥使用的肥料很多。一般速效氮肥、速效钾肥、微肥等均可作为追肥施用。生产上常用于追肥的肥料是硝铵磷、硝酸钾、磷酸二氢钾和微肥等。

（2）追肥的形式。在烟株生长前期，追肥量大时一般采用向土壤追肥的形式，利用条施、穴施、肥料溶液灌根等方法将肥料施入。在烟株生长中后期，追肥量小时可采用根外追肥的方式。一般追施微肥和少量的磷、钾肥，通常采用根外追肥形式。根外追肥又称为叶面喷施或叶施，养分从叶片的角质层和气孔进入，最后通过质膜进入细胞内，进而再分配到植物体的其他部分。这种施肥方法是烤烟中后期追肥的最主要的方法，比较安全、有效。根外追肥可以补充烟草从土壤中吸收某些营养元素的不足，例如硼、锌等；可减少养分移动、运输途径，加快烟株对营养元素吸收的速度；叶施后可以减少肥料固定，提高其利用率，例如磷肥、硼肥等。烤烟喷施速效氮、磷、钾和微量元素都有明显效果，喷施微量元素除可提高烟叶产量和品质外，兼有减少花叶病的功效；喷施磷酸二氢钾在烤烟增产增质方面有明显的效果。烟草施叶面肥对生产有积极的作用，但叶面喷施绝不能代替基肥和正常追肥，因为其施肥量非常有限，只能作为补肥措施。

（3）追肥时期和方法。烟草前期生长慢，团棵至现蕾期快，后期又慢，封顶后又有所加快。一般品种在移栽后30～40 d内发叶率高，为了满足旺长期对肥料的要求，追肥越早越好；过晚会影响烟草正常生长，造成后期不易落黄，降低品质。因此追肥主要在团棵以前，一般在移栽后25～30 d内施入。中后期追肥情况少，除喷施微肥或烟田脱肥外，一般不追肥，确需追肥应尽可能提早。

①前期追肥。前期追肥属于正常追肥，通常不超过两次。若追一次时，移栽后20 d进

行，硝铵磷在土壤中流动很大，不易为土壤胶体所吸附，易随水流动，宜作追肥，作追肥也不应太早施用以免造成流失。需要两次追肥的，第一次约在移栽后10 d进行；第二次在伸根期中耕培土以前，在移栽后20～25 d进行。有必要时，可在移栽后约30 d再进行一次。湖北省的经验做法为：

A. 露地栽培。采用两次追肥法，一次为移栽还活后的提苗肥，为速效氮肥兑清水淋施，如使用硝铵磷追肥；另一次为结合中耕培土的钾肥追施，如用硝酸钾提苗，则在移栽后15 d左右一起施用。

B. 半生育期地膜覆盖栽培。可以将提苗肥和陪嫁土一起施用，移栽25～30 d，揭掉地膜，除草松土，追施钾肥（硫酸钾），然后进行培土。

C. 全生育期地膜覆盖栽培。除提苗肥和陪嫁土一起施用外，所有肥料全部作为底肥施用，减少施肥环节，降低对地膜的破坏。

②中期追肥

一般可分为以下3种情况：

A. 在大田烟株表现缺氮的情况下，用少量的速效氮肥（硝酸铵、硝酸钾等）兑水灌根，但要严防过量以免引起贪长。需要量少时，比较稳妥的办法是叶面喷施。三要素养分根外追肥的浓度以0.5%～1.0%较为安全有效。

B. 大田烟株表现缺磷或缺钾时，用磷酸二氢钾或其他肥料溶液灌根。施用量小时叶面喷施，浓度为0.3%～0.5%，每7～10 d喷施1次，连续2～3次。

C. 正常喷施微肥，喷施微量元素的浓度以0.2%～0.5%为好。根据具体施肥情况，一般硼为喷施0.25%硼砂溶液，锌为喷施0.20%硫酸锌溶液。烟草对微量元素的需要量有限，浓度过高会引起肥害。尿素浓度一般为0.5%，磷酸二氢钾浓度为0.5%。至于根外追肥的具体时间，由于夜间比白天吸收率大3～10倍，因此以傍晚喷施较好。要选择无风天气进行，便于吸收。至于喷施部位，叶背比叶面吸收快；叶位越高，吸收率越高。后期追肥，一是追微肥。二是在营养严重失调时（氮素过多，烟叶不落黄），用磷酸二氢钾溶液进行灌根或叶面追施，以根外追肥为主。

3. 叶面施肥

缺乏某些微量元素时，通常采用叶面喷施的办法来追肥。叶面施肥在时间上非常灵活，苗期、大田期的任何时期都可进行叶面喷施。应注意在晴天下午阳光不太强烈（17时以后）时喷施，施用后若在24 h内遇雨，需要重喷。喷施浓度应控制在1%左右，苗期和气候干燥的地区施肥浓度应适当降低，叶面微肥在产品包装上有稀释倍数的详细说明，须严格按照说明书进行配制。

由于叶片背面的气孔分布密集，且不易干涸，因而喷淋应以背面为主，喷至叶面充分湿润而不流水滴为宜。为避免施肥时弄湿衣服和病害感染，一般以倒退喷施为好。

三、烟草缺素症状识别及肥害

（一）烟草缺素症状识别

1. 缺氮症状

在大田条件下，氮素是一种最常见的易缺乏的营养元素，从幼苗至成熟期的任何生长发育阶段中，都能出现氮素的缺乏症状。烟草缺氮时首先表现在下部老叶片正常的绿色变淡，呈柠檬色或橙黄色，而后逐渐干枯脱落。落叶的多少，依氮素缺乏的程度而异。未脱落的叶片向上直立，与茎秆成一个较狭的角度。由于氮素在烟株体内流动性大，可以从较老叶片转移到幼嫩的部位，能重新被利用，因而叶芽仍保持正常的状态，缺氮素症状从下部叶片向上扩展；同时烟株生长缓慢，植株矮小，叶面积显著减小，叶片薄，烘烤后叶薄色淡，缺乏油性、弹性。

2. 缺磷症状

烟草缺磷后烟株生长缓慢，株型矮小瘦弱（图2-16）。根系发育不良，量少、根细，新生根少。叶片较狭长而直立呈簇状生长。轻度缺磷时，烟叶呈暗绿色，缺乏光泽。严重缺磷时，下部叶出现一些小白色斑点，后变为红褐色，最后叶片枯焦。缺磷症状首先出现在老叶片上，逐渐向上发展。由于目前烟草生产中磷肥施用量较高，土壤中速效磷含量处于丰富水平，烟草产区出现缺磷症状较少。

图2-16　缺磷症状

3. 缺钾症状

烟株生长早期不易观察到缺钾症状，即处于潜在缺钾阶段，此时表现出烟株生长缓慢，植株矮小、瘦弱。缺钾症状通常在烟株生长的中、后期表现出来，严重缺钾时首先在烟株下部老叶片上呈现叶色暗绿无光泽，最显著的症状是沿着叶边缘或叶尖出现淡绿色或杂色的斑点，发展下去呈棕褐色或烧焦状。当严重缺钾时杂色连成一片，且组织死亡，叶边缘及叶尖破碎呈褴褛状，由于叶尖、叶缘先停止生长而叶肉组织仍继续生长，所以就出现了叶尖向下翘，叶缘下卷，叶面凹凸不平的症状（图2-17），同时发病烟株的根系发育不良，根毛及细根生长很差。

图2-17　缺钾症状

4. 缺镁症状

缺镁症状通常在烟株长得较高大，特别在旺长至打顶后，烟株生长速度较为迅速时才会表现出来，且在砂质土壤或大雨后较易发生。缺镁时在烟株的最下部叶片的尖端和边缘处以及叶脉间失去正常绿色，其色度可由淡绿色至近乎白色（图2-18），随后向叶基部及中央扩展，但叶脉仍保持其正常的绿色。即使在极端缺镁的情况下，当下部叶片已几乎变为白色时，叶片也很少干枯或形成坏死的斑点。缺镁严重的烟叶烘烤后呈现黑色及不规则的色度，重量减轻，叶的韧性、弹性消失，烟灰呈黑色。缺镁一般发生在中、下部叶片。由于缺镁症状大多在生长发育后期发生，因而易与生理衰老混淆，衰老叶片均匀发黄，而缺镁则叶脉绿，叶肉黄白，且在较长时期内保持鲜活不脱落。

图2-18　缺镁症状

5. 缺硼症状

烟株缺硼时，首先在顶芽和最幼嫩的叶片上出现，叶片伸展前卷曲，叶片增厚发脆，节间缩短，顶芽坏死。在生长方面，缺硼的烟草植株生长停滞，矮小瘦弱，顶芽可能坏死发黑，形成较多的侧芽，但新形成的侧芽也很快坏死，使烟株呈簇生状。缺硼较轻时，烤烟早期外观症状不明显，叶面发皱，容易出现萎蔫状（图2-19），烟株生长发育所受影响不大，直到现蕾顶心才开始坏死；缺硼严重时，烟株顶心较早坏死，侧芽萌生，形成丛枝状，叶片反卷，叶耳肥大。由于缺硼时形态、症状多样，较为复杂，重点应注意顶芽组织萎缩死亡，叶片变厚，叶柄变粗、变脆，蕾、花异常脱落，花粉发育不良等。

图2-19　缺硼症状

6. 缺锌症状

烟草缺锌时，生长缓慢、矮小，上部叶片叶色浓绿，叶面会出现皱褶。顶叶簇生，下部叶片尖端边缘出现褪色现象，接着产生枯死或破烂，枯死部位开始呈水渍状，后扩展很快，最后变成红褐色而干枯。叶脉间还会出现大而不规则的枯黄斑，老叶失绿（图2-20），随时间的推移，枯斑逐渐扩大，组织坏死。

图2-20　缺锌症状

7. 缺钙症状

钙在烟株体内是不能再利用的营养元素，缺钙时淀粉、蔗糖、还原糖等在叶片中大量积累，叶片变得特别肥厚，根和顶端不能伸长，植株发育不良。缺钙症状首先出现在上部嫩叶、幼芽上，叶尖叶缘向叶背卷曲，叶片变厚似唇形花瓣状，叶呈深绿色（图2-21）；症状严重时顶端和叶缘开始折断死亡，如继续发展，由于尖端和叶缘脱落，叶片呈扇贝状，叶缘不规则。幼苗期缺钙，叶片皱缩、弯曲，继而尖端和边缘部分坏死，最后生长

图2-21　缺钙症状

点死亡；留种烟株在开花前缺钙，花蕾易脱落；开花时缺钙，则花冠顶部枯死，以致雌蕊突出。缺钙的叶片较厚并且有时比正常叶片绿，在较老的叶片上症状逐渐变得不明显，而且很少出现在下部叶上。

8. 缺氯症状

烟草是对氯敏感作物，但氯是烟草正常生长发育过程中所需的重要营养元素之一，对烟叶的产量和品质都有重要影响，在烟草体内担负着一定的生理功能。由于烟田长期严禁施入含氯肥料，目前在南方多雨烟区出现了烟草缺氯现象。缺氯症状主要表现为烟株生长不良，下部叶片尖端出现凋萎或失绿，并逐渐坏死，这一症状由局部向全叶蔓延。同时，烟叶会向下翻转，叶色变得不正常，生长变得缓慢，叶片变小，且容易萎蔫。烘烤后，烟叶弹性会变差，易破碎，颜色也会变为淡黄色。

（二）烟草肥害

1. 肥害的主要表现

肥害，实际上是积盐的危害，主要原因是过量施肥使土壤产生盐渍化，或肥料施用深度不够，移栽时烟株根系直接接触肥料而形成伤根。发生肥害后产生的问题：一是抑制烟草根系发育，削弱了对水、肥吸收的能力；二是土壤溶液浓度过大，烟株发生反渗透现象，导致生理萎蔫或者叶缘枯焦；三是并发有毒气体危害；四是由于营养元素之间产生拮抗作用，引发缺素症。

2. 预防肥害的主要措施

基施不要与根系接触，有机肥必须充分腐熟后再施。追施氮素化肥，以少量多次为宜，并开沟深施，施后盖土、浇水，减少氨气熏蒸伤苗。叶面喷肥磷酸二氢钾浓度为0.1%～0.2%，硫酸锌浓度为0.07%～0.1%，硝酸铵浓度为0.05%～0.08%，喷肥液为20～30 kg/亩。浓度过高，数量过多，容易产生肥害，而且必须是叶面无水时才能喷洒，若有水，则宜改为点施、穴施或沟施，以免化肥灼伤茎叶造成死亡。

目前湖北省烟区易出现缺镁、锌、硼和氯等中微量元素，具体的施肥方法为：

中轻度缺镁田块施用5～8 kg/亩七水硫酸镁，重度缺镁田块施用10～15 kg/亩七水硫酸镁，施肥的方法采取田面撒施后起垄，严禁条施，防止集中施用而抑制烟株对钙、硼等元素的吸收；烟草生长后期出现缺镁症状时，可用浓度为0.2%～0.5%硫酸镁溶液进行2～3次叶面喷施。

土壤补充氯元素，施用3.0～4.5 kg/亩氯化钾，必须以基肥施入，严禁追施。

土壤补充硼肥，采用基施200～400 g/亩持力硼，严重缺硼田块，后期结合喷药一起进行叶面喷施1～2次快乐硼。

土壤补充锌元素，基施1.0 kg/亩七水硫酸锌。

四、滴灌与水肥一体化

（一）滴灌

（1）滴灌的优势。传统沟灌会导致土壤板结，土壤结构破坏，田块地势低洼处，容易积水伤根。滴灌属局部微量灌溉，水分缓慢均匀地渗入土壤，对土壤结构能起到保持作用。局部湿润，少浇地，多浇作物，可节水50%～60%；实现水肥同步，水肥耦合，提高肥料利用率，节肥10%～20%；滴灌只需定时开关水泵及阀门，减少了传统沟灌的用工投入。

（2）滴灌系统的组成。

①水源。自建水塘、水罐等。

②水泵。配置扬程和流量适宜的水泵，并配套相应的动力机或火电，如小户烟农可用18～20马力[①]柴油机泵（或汽油机泵）；根据灌区大小配置水泵流量及动力，田间灌溉水流量宜为1～4 t/（h·亩），供水压力以150～200 kPa为宜。

③输水管网。主管一般采用PVC或聚乙烯（PE）管材，目前产品规格为Φ90 mm、Φ63 mm、Φ50 mm、Φ40 mm，主管从水源接出；支管一般采用PE管材，规格为Φ40 mm，由主管垂直接出，分为若干组，垂直于烟株种植方向；毛管也叫滴灌带，一般采用聚乙烯，一次性使用，平行重叠于垄体，用阀门与支管相接。滴口间距0.15～0.5 m，依据株距而定。

（3）滴灌应用技术。

①滴灌设计。较大地块烟田，主管、支管采用T型分布，根据出水量适当调整灌溉面积；面积较小、分散地块烟田，田间管道可采用梳式分布，支管位于烟田一侧；山区坡地，根据地块等高线铺设，水泵供水端设置在田块高处，支管垂直于等高线，毛管平行于等高线。

②滴灌方式。膜上滴灌毛管固定在地膜上面，膜下滴灌毛管固定在地膜下面。

（4）滴灌系统安装。

①主管。主管连接水源，一般布置在高处，主管配备三通或四通。

②支管。与烟株种植方向垂直，与主管一样，布置于高处。连接在主管的三通或四通。连接时一定要将主管、支管进口断面剪平，否则会造成漏水。

③滴灌带。通过旁通与支管连接。连接时，先将支管压平后打孔，将旁通旋转插入支管，紧固好。然后将滴灌带用剪刀剪平，与旁通连接。

（5）滴灌使用。

①运行调试。

管道冲洗：使用前先对管道进行冲洗，防止管道堵塞，保证系统正常运行。

---

① 马力为非法定计量单位，1马力≈0.735 kW。下同。

试运行：目的是对系统安装是否合格进行检验。主要检查系统是否漏水，田间滴灌是否均匀。

②田间滴灌。

灌溉原则：伸根期3周持续干旱，须进行第一次滴灌。旺长期滴灌，每次滴灌5 h左右，以垄沟冒水为准。旬降水量不足40 mm或连续5 ~ 7 d无雨，须进行滴灌。成熟期旬降水量不足30 mm或持续干旱，须进行滴灌。具体见表2-2。

表2-2　不同生育期灌溉方法

生育期	干旱指标/%	计划湿润层/cm	滴灌次数/次	灌水定额/（kg/株）	灌水周期/d
还苗期	≤50		0		
伸根期	≤50	20 ~ 25	0 ~ 1	0.5 ~ 1	
旺长期	≤70	40 ~ 50	3 ~ 4	1.5 ~ 2.0	5 ~ 7
成熟期	≤60	30 ~ 35	1 ~ 2	1 ~ 1.5	7 ~ 10

③山区滴灌模式

山区现状：水资源更紧张，干旱时人畜饮水困难，烟草抗旱更难。主要推行“水罐+滴灌”模式或“水囊+滴灌”模式。利用雨季（1—5月）提前将水罐或水囊蓄满水，在旺长期干旱时使用，能保证至少1次灌溉。

“水罐+滴灌”模式成本高：以5 m^3容量水罐为例，蓄1次水可管5亩烟田，水罐成本在8 000元左右，亩平均1 600元，使用寿命按6年折算，亩成本在270元左右，且前期投入大，大面积推广难度大。

“水囊+滴灌”模式成本低：以5 m^3容量水囊为例，蓄1次水可管5亩烟田，水囊成本在500元左右，亩平均100元，使用寿命按3年算，亩平均成本33元。山区滴灌需配备增压泵，保证水压，确保田间滴灌均匀。2025年计划予以推广。

（6）取得成效。

①烟草长势明显改观。滴灌后，烟叶长势明显得到改善，氮肥前期利用率提高，烟叶能正常成熟落黄，生育期也缩短

②烟草品质明显改善。烟株滴灌补水后，烟叶的总氮、烟碱、蛋白质含量降低，糖、还原糖、钾含量增加，化学成分更加协调，烟叶的外观质量、内在品质均有所提高。

③烟草感观质量明显提高。烟叶的感官质量得到显著提升。工业适配率大幅提高，从2023年的80%提高至2024年的84%。

④烟农收入明显增加。2021年试验对比：姜敬群和孙建华为同一村烟农，田块相邻。生产技术方案，田间管理基本一致，孙建华采用了滴灌，共计滴4次，收购各项指标均优

于姜敬群。

（7）滴灌应用展望。

①智慧滴灌。利用传感器技术、物联网技术，对土壤湿度、烟草生长状况实时监测，实现自动控制滴灌，提高滴灌的精准度和效率，降低人工成本。

②与其他技术集成。将滴灌技术与水肥一体化、病虫害防治等技术相结合，形成综合的烟草生产技术体系，发挥更大滴灌作用。

（二）水肥一体化

（1）水肥一体化的定义。水肥一体化广义上是指将肥料溶解后通过不同方式进行施用，包含淋施、浇施、喷施、管道施用等。狭义上是指利用管道灌溉系统，将肥料溶解在水中，同时进行灌溉与施肥，适时、适量地满足农作物对水分和养分的需求，实现水肥同步管理和高效利用的节水农业技术。

（2）推进水肥一体化的意义。

①生态保护的必然要求。作为南水北调核心水源区的丹江口市，肩负着库区水质保护的重大责任。由于传统粗放的种植方式容易导致农业面源污染，因此发展雪茄烟叶产业必须采取生态保护措施，以确保水质安全。

②农民增收的有效途径。丹江口市山区耕地碎片化严重，户均管理面积小，肥料利用率低，人工成本高，这使得传统农业的比较效益不显著。发展雪茄烟叶产业，可以为当地农民提供一条增收的新途径，改善他们的经济状况。

③转型升级的迫切需求。面对人力资源短缺的挑战，丹江口市需要推动农业转型升级。发展雪茄烟叶产业，可以促进数字化农业、智慧农业的发展，提高农业生产的效率和质量。

④应对极端天气的有效措施。极端天气事件频发给种植生产带来了不确定性。通过推进水肥一体化，可以采取更为科学和可持续的方式进行种植生产，有效应对极端天气，保障生产的稳定性。

（3）产区推进水肥一体化主要举措。

①强化保障落实行业补贴政策。市局（公司）在生产投入补贴中，设置水肥一体化专项补贴，按照标准采购滴灌设备，有效激励农户推进水肥一体化工作。围绕产区布局，加大基础设施配套建设力度，满足烟田全生长期灌溉需求。协调产区供水部门，对水利管网进行系统维护及升级，帮助增设灌溉取水口，方便和保障生产用水。

②灵活措施。针对不同地理条件以及农户经营条件，采取不同方式全面推进水肥一体化，并在产业发展过程中进行迭代升级。整合利用政府、行业、合作社和烟农的资源优势，充分利用各类作业工作，有效提升水肥一体化作业覆盖率。

五、复合微生物肥料技术

（一）复合微生物肥料使用说明

复合微生物肥料是湖北香青肥料科技有限公司在国家“两减一增”总体要求的大背景下自主研发的新型生态环保优质肥料。该产品以优质饼肥为载体，高效定植复合微生物菌剂（优选预防根结线虫、青枯病、黑胫病，固氮、解磷、解钾、改土、促生根的复合微生物菌剂），科学配比大、中、微量营养元素，经现代生物工程技术复合而成，是集植物生长周期全营养供给与土壤保育、生物防控于一体的第二代“傻瓜肥”。

（1）主要功效。高活性复合功能菌剂能有效抑制土传病原菌的生长繁殖，增强作物的免疫力，特别是对茄科类青枯病、黑胫病及各种经济作物的根结线虫病有很好的生物防控效果。产品富含优质全水溶氮磷钾、硼镁锌等大、中、微量营养元素，小分子态有机质、氨基酸、粗蛋白、脂肪酸、生化黄腐酸、生物酶等营养物质，具有易吸收、增抗逆、保水肥、促生根、抗重茬、增产量、提品质等显著效果。

（2）施用量。常规施用量120～150 kg/亩，一次性作底肥施用，在烟草长势正常情况下，后期可不再追施其他肥料。若遇雨水充足或其他异常气候，可根据实际情况适当追肥。

（3）施用方式。可窝施、条施或环施，在起垄或移栽时作底肥一次性施用，避免肥料与种子、植物根系直接接触。

具体施肥量换算公式：

施肥量（kg）=亩施氮量/0.05

以亩施氮量6 kg计算，施肥量为6/0.05=120 kg。

（二）复合微生物肥料技术指标（表2-3）

表2-3　复合微生物肥料技术指标

序号	配比		指标	要求
1	5：4：12	技术指标	有效活菌数（CFU）/（亿/g）	≥0.50
2			总养分（$N+P_2O_5+K_2O$）/%	≥21.0
3			有机质/%	≥25
4			水分/%	≤20
5			pH值	5.5～8.5
6			硝态氮占总氮比例/%	≥30
7			粒度（1.00～4.75 mm）/%	≥70
8			氯离子/%	≤3

（续表）

序号	配比		指标	要求
9		粪大肠菌群数/（个/g）		≤100
10		蛔虫卵死亡率/%		≥95
11		钠离子/%		≤3.0
12		缩二脲/%		≤0.8
13	限量指标	重金属（干基）	镉（Cd）/（mg/kg）	≤3
14			汞（Hg）/（mg/kg）	≤2
15			砷（As）/（mg/kg）	≤15
16			铅（Pb）/（mg/kg）	≤50
17			铬（Cr）/（mg/kg）	≤150
18			镍（Ni）/（mg/kg）	≤100

（三）其他要求

（1）外观。颗粒状，无机械杂质，大小均匀。

（2）单一养分测定值与标明值负偏差的绝对值不得大于1.5%。

（3）其他指标按《复合微生物肥料》（NY/T 798—2015）规定执行。

（4）肥料重金属技术要求：依据《烟用肥料重金属限量》（YQ23—2013）标准执行。

（5）肥料造粒加工过程使用的黏合剂、添加剂或加工工艺等，对肥料溶解性、裂解不能造成大的影响；烟草生育期结束，烟株根部不能有肥料颗粒状残留。

（6）包装按照《复合微生物肥料》（NY/T 798—2015）执行，符合相关国家法律法规要求。包装规格30 kg/袋，包装、标识须符合国家法律法规及相关国家标准。

第九节　机械化作业

一、烟草农业机械化发展趋势

在现代烟草农业建设中，推广机械化作业是“减工、降本、提质、增效”的有效途径，是实现烟农轻松种烟的重要措施。由于湖北省烟草种植区域以山区为主，烟田地形复杂，田块破碎化严重，烟草生产中的一些特有的农艺技术要求如“井窖”移栽、烟草成熟采收使相关设备研发面临一些瓶颈，为大规模机械化作业带来了一定困难。2021年国家烟草专卖局下发《构建宜机化烟草农业标准体系促进农机农艺融合发展三年行动方案》，湖北省烟草专卖局相应制定《湖北省烟草农业农机农艺融合发展实施方案》，提出建立宜机化烟草农业标准、加大高效适用农机研发、强化成熟适用农机推广、夯实全程机械作业基础、探索智能农机发展路径等适应山区特色的烟草农业机械化发展途径。通过几年的探索，取得了一定的成效，加速推动烟草农业向现代化、智能化、绿色化方向发展，为烟农提供更高质量、更便捷、更环保的农业生产服务。

1. 全程全面机械化

烟草农业机械化正由耕种收环节机械化向产前、产中、产后全过程机械化延伸。这意味着从烟草的种植、田间管理到采收、烘烤等各个环节，都将逐步实现机械化作业。例如，在烟草种植方面，机械化播种、移栽、施肥等技术得到广泛应用；在采收环节，自动化采摘机械提高采收效率；在烘烤环节，自动化烘烤设备和智能化控制系统确保烟叶的烘烤质量。

2. 智能化与信息化融合

智能化和信息化技术将成为烟草农业机械化的重要发展方向。通过应用传感器、GPS导航、物联网、大数据、人工智能等技术，烟草机械将具备更高的自动化、智能化水平。例如，智能农机可以通过实时监测土壤湿度、养分含量、作物生长状况等信息，为烟农提供科学的农事管理建议；同时，通过远程监控和数据分析，可以实现对农机设备的远程管理和维护，提高农机设备的可靠性和使用寿命。

3. 农机农艺深度融合

农机农艺深度融合是推动烟草农业现代化的重要引擎。《构建宜机化烟草农业标准体系促进农机农艺融合发展三年行动方案》实施以来，四大作业区全程宜机化生产技术体系基本建立，烟草生产重点环节机械化率显著提高。通过优化农艺措施，使农机与农艺更加匹配，提高机械作业的适应性和效率。例如，推广适宜机械化作业的烟草品种和种植模式，改进烟草的田间布局和种植密度，以适应机械化作业的需求。

4. 绿色化与可持续发展

随着环保意识的提高，绿色化可持续发展将成为烟草机械化发展的重要方向。烟草机械将更加注重节能、减排、降耗，推广使用新能源和环保材料。例如，电动拖拉机等新能源农机产品将逐渐受到市场欢迎；同时，通过优化农机作业流程和参数设置，减少能源消耗和废弃物排放，实现烟草农业可持续发展。

5. 专业化与规模化

随着烟草农业机械化的不断推进，专业化与规模化生产将成为重要趋势。通过专业化生产，可以提高生产效率和产品质量；通过规模化生产，可以降低生产成本和提高市场竞争力。因此，在推动烟草农业机械化的过程中，需要注重培育专业化、规模化的农业生产主体和经营模式。

二、常用烟草农机介绍

当前，推广使用烟草农用机械主要包括通用机械（如拖拉机）及烟草专用机械，烟草专用机械按照其功能可以分为烟草整地机械（包括专用起垄机、专用覆膜机、拔烟秆机等）、烟草育苗机械（包括播种机、剪叶机等）、烟草移栽机械、烟草施肥机械、烟田管理机械（中耕机、培土机等）、烟草采收机械、装炕机械（包括编烟机、装烟机等）及其他烟草专用机械。目前，较为成熟的主要是烟草整地机械、烟草育苗机械。

（一）烟草播种机

烟草播种机是一种专门用于烟草种植的农业机械设备，主要用于实现烟草种子的高效、精准播种，通过机械化操作，简化了传统人工播种的烦琐过程，提高了播种效率和质量。目前，最常用的是错位滑动式播种器和自动播种装盘一体机。

1. 错位滑动式播种器

错位滑动式播种器的上层为播种粒数的控制板，上层板有与苗盘相对应的播种孔，每孔能容纳1粒或2粒种子，下层板有与苗盘苗穴对应的漏种孔，孔径约10 mm，种子仓与上层板连在一起，当两层板的孔洞错开时，放入适量的种子，并适当轻轻晃动播种器，使每个孔穴中均有种子沉入，再适当倾斜播种器，使多余的种子回流入种子仓位置，然后将播种器对准孔穴排列位卡在育苗格盘上，使上层板的漏种孔与格盘的孔穴一一对应，抽动下层板，当两层板的孔重合时，种子便落入苗盘的孔穴中。轻轻拍上层板，可使个别未掉入格盘孔穴中的种子落下。

2. 自动播种装盘一体机

自动播种装盘一体机是一种集成了装盘、基质填充、压穴、播种、喷淋裂解、二次覆基质等多项功能的自动化设备，能够有效提高播种效率和播种质量。目前常用的有YBZ-1000D型播种机。

（1）结构。自动播种装盘一体机通常由机架与传动系统、基质填充装置、压穴装置、播种装置、喷淋裂解装置、二次覆基质装置、控制系统、安全防护装置及其他辅助装置组成。

①机架与传动系统。

机架：作为整机的支撑结构，机架通常采用坚固的金属材料制成，确保设备的稳定性和耐用性。机架设计合理，便于安装、调试和维护。

传动系统：负责驱动苗盘在机器中的输送。常见的传动方式包括链轮链条传动、皮带传动等，确保苗盘平稳、准确地移动至各个工作区域。

②基质填充装置。

主料斗：用于存放湿润的基质。基质通过重力或机械输送方式进入基质填充装置。

基质填充部件：通过机械振动或气吸等方式，将基质均匀填充到苗盘每个孔穴中。同时，设有刮板等辅助装置，用于刮去多余的基质，使苗盘表面平整。

③压穴装置。

压实器：通常采用滚轮或压板等形式，对填充好的基质进行压实，形成适合播种的穴坑。压实器的设计需考虑基质的压实程度和穴坑的一致性。

调节机构：允许用户根据需要调整压实器压力和位置，以适应不同基质和苗盘的要求。

④播种装置。

种仓：用于存放烟草种子。种仓设计有合理的种子流动通道，确保种子能够顺畅地进入播种部件。

播种部件：常见的播种方式包括气吸式、机械式等。气吸式播种器利用真空吸力将种子吸附在播种部件上，然后释放到苗盘的孔穴中。机械式播种器则通过机械振动或旋转等方式，将种子均匀播撒到苗盘的孔穴中。

调节机构：允许用户根据需要调整播种量和播种精度，以适应不同种子和育苗要求。

⑤喷淋裂解装置。

水箱和喷淋头：用于存放和喷洒裂解液（如水）。喷淋头设计合理，能够均匀地将裂解液喷洒到苗盘中的种子上。

控制系统：控制喷淋裂解装置的工作时间和喷淋量，确保种子能够充分裂解，提高出苗率。

⑥二次覆基质装置。

覆基质部件：通过机械振动或气吸等方式，将基质均匀撒布到苗盘种中的子上。

修整部件：用于修整苗盘表面，确保覆盖的基质均匀、平整。

⑦控制系统。

微电脑控制器：作为整机的核心部件，负责控制各个工作部件的协调运作。用户可以通过操作面板或触摸屏设置各种参数，如基质填充量、压穴深度、播种量、喷淋裂解时间等。

传感器：用于监测机器的运行状态和种子、基质等物料的情况。传感器信号反馈给微电脑控制器，以便及时调整机器的工作状态。

⑧安全防护装置。

紧急停止按钮：设置在机器显眼位置，便于操作人员在紧急情况下迅速停机。

安全防护罩：覆盖在机器的危险部位，防止操作人员意外接触造成伤害。

⑨其他辅助装置。

输送带：用于将苗盘从入口输送至出口，贯穿整个工作过程。

收集装置：设置在机器的出口位置，用于收集完成装盘播种作业的苗盘。

（2）操作注意事项。

检查设备：在启动机器前，确保所有部件安装正确并处于正常状态。

消毒苗盘：苗盘要求规格统一，以便使用播种装盘机。用清水（最好有高压水枪）将旧苗盘孔穴中的基质、烟苗残根等彻底冲刷干净。苗盘清洗干净后进行消毒，首次使用的新苗盘不用消毒，旧苗盘在育苗前一周（最多不超过15 d）必须进行消毒。

准备基质：选择平整、卫生的地方作为装盘场地。如装盘场地为水泥地，冲刷干净即可；如选择其他地面，应垫上塑料薄膜。装盘前先将基质喷水搅拌，让其稍湿润，达到手握成团、触之即散的效果（含水量40%左右）。

准备种子：使用烟草公司当年供应的新烟种，不得使用陈烟种及自繁、自留、自购烟种。

质量检查：在机器运行过程中，要定期检查播种质量，确保每穴播种均匀、无空穴。如发现异常，应及时停机调整。

（3）常见问题及解决方法。

①播种不均匀。播种机播种时，出现种子分布不均、漏播、多播等问题。

解决方法：

检查种子：确保种子质量良好，无破损、无霉变，且种子流动性良好。

调整播种装置：根据种子的特性和播种要求，调整播种装置的工作参数，如播种量、播种速度等。

清理堵塞物：定期清理播种装置中的堵塞物，如种子残留、杂质等。

②基质填充不紧密。基质填充过程中，出现基质填充不紧密、基质量不足或过多等问题。

解决方法：

调整基质湿度：确保基质湿度适中，既不过湿也不过干，以便于填充和压实。

检查填充装置：定期检查基质填充装置的工作状态，如振动频率、气吸强度等，确保基质能够均匀填充。

调整刮板位置：根据基质的厚度和苗盘的规格，调整刮板的位置和角度，确保基质填充紧密且表面平整。

③压穴深度不一致。压穴过程中，出现穴坑深度不一致、穴坑形状不规则等问题。

解决方法：

检查压实器：确保压实器的形状和尺寸与苗盘的穴坑相匹配，且压实器的压力适中。

调整压实器位置：根据苗盘的规格和基质的厚度，调整压实器的位置和角度，确保压穴深度一致。

检查传动系统：确保传动系统运转平稳，无卡滞现象，以免影响压实器的工作效果。

④喷淋裂解不均匀。喷淋裂解过程中，出现裂解液喷洒不均匀、种子裂解不充分等问题。

解决方法：

检查喷淋装置：确保喷淋头数量和位置合理，喷淋液的压力和流量适中。

调整喷淋参数：根据种子的特性和裂解要求，调整喷淋装置的工作参数，如喷淋时间、喷淋量等。

清理堵塞物：定期清理喷淋装置中的堵塞物，如杂质、水垢等，确保喷淋液能够均匀喷洒。

⑤覆基质过厚或过薄。二次覆盖基质过程中，出现覆盖基质过厚或过薄、基质覆盖不均匀等问题。

解决方法：

检查覆基质装置：确保覆基质装置的工作状态良好，如振动频率、气吸强度等，确保基质能够均匀撒布。

调整覆基质量：根据种子的特性和育苗要求，调整覆基质装置的工作参数，如覆基质量、撒布速度等。

修整苗盘表面：使用修整部件对苗盘表面进行修整，确保基质覆盖均匀、平整。

⑥设备卡滞或故障。设备在运行过程中，出现卡滞、异响、部件损坏等故障。

解决方法：

停机检查：一旦发现设备卡滞或故障，立即停机检查，找出故障原因。

清理堵塞物：定期清理设备内部堵塞物，如杂质、种子残留等，确保设备运转顺畅。

更换损坏部件：对于损坏部件，应及时更换，以免影响设备整体性能。

定期保养：定期对设备进行保养，如润滑、紧固螺丝等，延长设备的使用寿命。

（4）作业安全注意事项。

①详细阅读说明书，了解机器的性能特点、操作规范及安全注意事项。

②做好操作人员培训。操作人员必须经培训和考核合格后方可操作设备。

③做好作业前机器检查。检查传动系统、基质填充装置、压穴装置、播种装置、喷淋裂解装置、二次覆基质装置等关键部件是否正常工作，有无松动、磨损或异常声音。

④做好个人防护。进行消毒作业时应佩戴口罩、护目镜等个人防护用品。

⑤在操作过程中，禁止随意拆卸设备防护罩，防止设备内部有动力设备运转造成意外伤害。禁止手伸进设备内部进行操作，以防手部意外受伤。

⑥严禁将机器交给不熟悉操作的人员使用。

⑦禁止酒后操作机器。

（5）维护与保养。

①定期检查与调整。

部件紧固性检查：定期检查播种装盘一体机的各个部件是否紧固，特别是连接件、螺栓和螺母等，确保没有松动或脱落现象。

传动系统与电气系统检查：检查传动系统的皮带、链条等是否磨损或松弛，及时调整或更换。检查电气系统是否正常工作，包括电线、插头和开关等，确保没有损坏或接触不良。

播种与装盘部件检查：检查播种盘和排种器是否堵塞或磨损，及时清理或更换。检查装盘机运转是否正常，调整装盘高度和角度，确保装盘质量。

②清洁与润滑。

彻底清洁：在每次使用后，应及时清理播种装盘一体机上的泥土、杂草和残留的种子。

定期对播种盘、排种器、装盘机等关键部件进行深度清洁，防止堵塞和磨损。

润滑保养：定期对播种装盘一体机的运动部件进行润滑，如链条、轴承、传动轴等，以减少磨损和摩擦。使用合适的润滑油或润滑脂，按照设备说明书的要求进行加注。

③及时更换磨损部件。

观察磨损情况：在使用过程中，注意观察播种装盘一体机的各个部件是否出现磨损或损坏。

更换磨损部件：一旦发现部件磨损严重或损坏，应及时更换。

更换部件时，应选择与原部件相匹配的正规产品，以确保设备的性能和安全性。

（6）存放与保管。

彻底清洁与干燥：在长期存放前，应对播种装盘一体机进行彻底的清洁和干燥，防止锈蚀和损坏。

妥善保管：将播种装盘一体机存放在干燥、通风的库房内，避免阳光直射和雨淋。如无条件，也可放在地势高且平坦处，用棚布加以遮盖。

定期检查：在长期存放期间，应定期检查设备存放情况，如有需要，进行必要的调整和保养。

（二）烟草起垄机

烟草起垄机是一种专门用于烟草种植前整地的农业机械设备，主要用于在田间起垄，为烟草移栽创造良好的土壤条件。起垄作业可以提高土壤的透气性和排水性，促进烟草根系的生长，同时便于后续的田间管理和机械化作业。烟草起垄机通常具备碎土、翻土、开沟、起垄、整畦等多道工序一次性完成的功能，大大提高了种植效率。目前常用的有智农

JTLM80（JT10-A）、凯马3TG-5.0等型号起垄机。

1. 结构

烟草起垄机通常设计得结构紧凑，便于在农田中灵活操作，主要包括动力装置、传动系统、起垄装置等部分。

（1）动力装置。烟草起垄机的动力装置多样，可以根据不同地区和作业需求选择，常见的动力装置包括风冷或水冷的柴油机、汽油机等，这些动力装置能够提供稳定且强大的动力输出，确保起垄机能够顺利工作。

（2）传动系统。传动系统是烟草起垄机的关键部分，它负责将动力从动力装置传递到起垄装置。传动系统通常采用全齿轮传动、皮带传动或链条传动等方式，具有传动效率高、运行平稳等优点，能够确保烟草起垄机在作业过程中保持稳定且高效的性能。

（3）起垄装置。起垄装置是烟草起垄机的核心部分，它负责将土壤向起垄的位置集中，并进行成形。起垄装置通常由起垄刀轴、起垄铲等部分组成，可以根据不同的土壤条件和作业需求进行调整。起垄刀轴通过旋转将土壤抛起，起垄铲则将土壤推向指定位置并进行压实，从而形成整齐的垄形。

烟草起垄机通常具备多种功能，除起垄外，通过更换不同的机具部件还可以开展旋耕、中耕、覆膜、培土等作业。

2. 操作注意事项

（1）操作前准备。

①全面检查与维护。在使用烟草起垄机之前，需要进行全面的检查和维护，确保设备处于良好状态。检查各部件是否完好，紧固件是否松动，润滑部位是否充足等。

②熟悉操作手册。操作人员应仔细阅读并熟悉操作手册，了解烟草起垄机的性能、结构、使用方法及注意事项等。

（2）操作过程中注意事项。

①参数调整。根据技术方案调整垄宽、垄高，垄高一般在20～30 cm。

②空载试运行。将烟草起垄机拖到平坦的地面进行空载试运行，检查机器是否正常运转、旋转方向是否正确。

③暖机。将烟草起垄机连续运转几分钟预热，以达到最佳的作业状态。

④驶向待作业田块。将烟草起垄机缓慢驶向待作业田块，确保行驶平稳，避免碰撞或损坏机器。

⑤操纵操作杆。操纵操作杆，使烟草起垄机刀具入土。注意入土深度要适中，避免过深或过浅。

⑥保持适当行驶速度。在起垄作业过程中，保持适当的行驶速度，以确保起垄效果和作业效率。行驶速度过快或过慢都可能影响起垄效果。

3. 常见问题及解决方法

（1）起垄高度不足。烟草起垄机在作业过程中，起垄高度达不到预定要求，导致垄高不足。

解决方法：

①检查旋耕刀轴。确保旋耕刀轴正常工作，刀片锋利，无损坏或磨损严重的情况。如果刀片磨损严重，应及时更换。

②调整起垄装置。根据土壤条件和技术方案要求，适当调整起垄装置的高度和角度，确保起垄效果。

③检查土壤湿度。土壤湿度过高或过低都可能影响起垄效果。如果土壤湿度过高，应适当晾晒或排水后再进行起垄作业；如果土壤湿度过低，可适当浇水增加土壤湿度。

（2）起垄不直或垄形不规整。烟草起垄机在作业过程中，起出的垄不直或垄形不规整，影响种植效果。

解决方法：

①检查机器稳定性。确保烟草起垄机在作业过程中保持稳定，避免机器晃动或倾斜导致垄形不规整。

②调整行走速度。保持适当的行走速度，避免行驶过快或过慢导致垄形不规整。同时，在转弯时要减速慢行，确保垄形连续。

③拉线定位。在起垄前，使用拉线进行定位，确保垄的直线性。

（3）土壤压实度不够。起垄后，土壤压实度不够，导致垄体松散，不利于烟草生长。

解决方法：

①增加压实装置。在烟草起垄机上安装压实装置，如镇压轮等，对起垄后土壤进行压实。

②调整起垄深度。适当增加起垄深度，使垄体更加紧实。

③人工辅助压实。在起垄后，用人工或机械对垄体进行辅助压实，提高土壤压实度。

4. 作业安全注意事项

（1）详细阅读说明书，了解机器的性能特点、操作规范及安全注意事项。

（2）做好操作人员培训。操作人员必须经培训和考核合格后方可操作设备。

（3）做好作业前机器检查。在操作前进行全面的检查，确保各部件完好、连接紧固，无松动或损坏现象。检查电气系统是否正常，包括电线是否破损、插头是否接触良好、是否漏电等。检查传动轴、链条、皮带、飞轮等旋转部件是否紧固，是否有松动和跑偏的情况。检查液压系统是否正常，包括油箱液位是否到位并处于清洁状态，所有油管、软管等是否密封良好。

（4）操作人员要时刻关注周围环境，避免与行人、其他机械或障碍物发生碰撞。

（5）在操作过程中，禁止随意拆卸设备防护罩，防止设备内部有动力设备运转造成意外伤害。禁止手伸进设备内部进行操作，以防手部意外受伤。

（6）用倒挡时，排挡杆必须先置于空挡位置，田间作业使用倒挡时，必须集中注意力，关小油门，以免推力将人绊倒，机器后退时伤人。

（7）在机器移动或过沟坎时，必须熄火，用人力移动。

（8）严禁将机器交给不熟悉操作的人员使用。

（9）禁止疲劳或酒后操作机器。

5. 维护与保养

（1）清洁。每次使用后，清除烟草起垄机上的泥土、杂草和其他杂物。尤其要清洁刀具和传动部件，避免泥垢和残留物造成进一步磨损。

（2）润滑。按照制造商的推荐，对所有活动关节和轴承等部位进行定期润滑。定期检查并更换润滑油，以防油液变质或污染。

（3）检查与调整。

①检查紧固件。检查所有连接部位的螺钉、螺栓是否松动，并及时拧紧。确保刀片、刀轴等部件安装牢固。

②检查刀具。检查刀具的磨损情况，必要时及时更换。保持刀刃锋利，以提高工作效率和作业质量。

③检查传动系统。定期检查传动带的张紧度和磨损状况，及时进行调整或更换。检查链轮、链条是否有磨损或松动，保持传动系统的平稳运转。

④检查液压系统（如有）。检查液压油的油量和质量，定期更换液压油和过滤器。检查液压管路和接头是否有泄漏或损坏，及时修复。

（4）存放。

①妥善存放。将烟草起垄机存放在干燥、无尘的室内，避免日晒雨淋。对于室外存放，需要使用防尘罩覆盖机器。

②避免长期存放。避免长时间不使用，长时间不使用前应进行一次全面的维护和保养。

（三）烟草覆膜机

烟草覆膜机的主要功能是在烟草种植地块上铺设地膜，以达到保温、保湿、除草、防虫等效果，从而促进烟草的生长和提高产量。它广泛应用于烟草种植区，是烟草种植过程中不可或缺的重要工具。目前常用有小白龙2M-1型覆膜机。

1. 结构

烟草覆膜机主要由可调节的机架与侧架、传动与驱动装置、覆膜与压膜装置等部分组成。

（1）可调节的机架与侧架。

烟草覆膜机的机架和侧架通常设计为可调节式，以适应不同垄宽的烟草种植地块。这种设计使得机器能够更广泛地应用于各种规模的烟草种植区，提高了机器通用性和实用性。

（2）传动与驱动装置。

①传动装置。烟草覆膜机通过传动装置将动力从动力源（如拖拉机）传递到各个工作部件。常见传动装置包括齿轮传动和链轮传动，这些装置具有传动效率高、结构紧凑等优点。

②驱动装置。驱动装置通常与传动轴连接，为机器提供必要的动力。一些先进烟草覆膜机还采用了节能设计，采用降低动力需求、兼容汽油除草机等，以进一步降低使用成本。

（3）覆膜与压膜装置。

①覆膜装置。烟草覆膜机通常配备有挂膜装置、展膜辊、侧导向辊等部件，用于将地膜从卷轴上展开并铺设在地面上。这些部件的设计使得地膜能够平整、紧密地覆盖在土壤上。

②压膜装置。压膜装置通常包括压膜轮和覆土镇压装置等部件，用于将地膜压实并固定在土壤上。这些部件的设计确保了地膜与地面的紧密贴合，防止风从膜下吹入，同时也起到了防止杂草生长的作用。

2. 操作注意事项

（1）操作前准备。

设备检查：检查烟草覆膜机的整体结构是否完整，各部件是否安装牢固，紧固件是否松动。检查电气系统是否完好，电线、电缆是否破损，确保没有裸露的电线和接头。检查传动装置是否灵活，链条、齿轮等部件是否磨损严重，是否需要更换。检查保护装置是否有效，如防护罩、安全开关等。

个人防护：操作人员应穿戴适当的工作服和劳动防护用品。操作人员应经过专业培训，熟悉设备的操作流程和安全注意事项。

环境检查：检查作业现场是否平整，土壤是否细碎、疏松，无大石块和植物残体。检查作业现场是否有其他人员或障碍物，确保操作过程的安全性。

（2）操作过程中的注意事项。

①在启动设备前，应确保设备周围无人，并按下启动按钮进行预热。

②观察设备是否正常运行，如有异常声音或振动，应立即停机检查。

③在覆膜前，应检查地膜是否完好，无破损和褶皱。

④将地膜铺设在起好的垄上，并用压膜轮将其压实，确保地膜与土壤紧密贴合。

⑤覆膜过程中，操作人员应保持警觉，注意观察地膜是否铺设均匀，有无漏盖或覆盖不严的情况。

⑥作业完成后，应关闭设备的电源开关，并等待设备完全停止运行后再进行清理和维护工作。

⑦清理时，应使用适当的工具和清洁剂，避免损坏设备表面或影响设备性能。

3. 常见问题及解决方法

（1）地膜偏斜。地膜在铺设过程中偏离垄面，导致铺设不均匀。

解决方法：

①将膜卷对正垄面，并与机组前进方向垂直。

②覆膜机要匀速、直线行驶，避免转弯或急停急起。

③检查膜卷，确保其卷绕整齐，如有必要可更换膜卷。

（2）压膜轮压不住地膜。地膜在铺设过程中未能被有效压实，导致地膜松动或脱落。

解决方法：

①调整压膜轮的高度和压力，确保其与地面接触紧密。

②检查地膜宽度是否与垄面配套，如不匹配须更换合适的地膜。

③检查地膜本身的质量，如卷绕质量不佳需更换新的地膜。

（3）铺膜后卷边、两侧破碎。地膜在铺设后出现卷边或两侧破碎现象。

解决方法：

①增大压膜轮的压力，使地膜与地面贴合更紧密。

②减小覆土盘或覆土犁的偏角，避免对地膜造成过大压力。

③调整覆土盘或覆土犁与地膜之间的距离，确保覆土均匀且不过厚。

（4）异常振动。机器在行驶过程中出现异常振动，影响操作稳定性和地膜铺设质量。

解决方法：

①检查并紧固螺栓，确保机器各部件连接牢固。

②保持机器匀速工作，避免急加速或急减速。

③检查田块是否平整，如有必要可进行土地平整作业。

（5）覆膜太松。地膜在铺设后过于松弛，未能有效贴合地面。

解决方法：

①将膜卷上的顶螺栓拧紧，并调整锁紧螺母以确保膜卷固定牢固。

②检查膜卷位置是否正确，如颠倒需调整膜卷方向。

4. 作业安全注意事项

（1）详细阅读说明书，了解机器的性能特点、操作规范及安全注意事项。

（2）做好操作人员培训。操作人员必须经过培训和考核合格后方可操作。

（3）做好作业前机器检查。在操作前进行全面的检查，确保各部件完好、连接紧固，无松动或损坏现象。检查电气系统是否正常，包括电线是否破损、插头是否接触良好、是否漏电等。检查传动轴、链条、皮带、飞轮等旋转部件是否紧固，是否有松动和跑偏的情况。检查液压系统是否正常，包括油箱液位是否到位并处于清洁状态，所有油管、软管等是否密封良好。

（4）操作人员要时刻关注周围环境，避免与行人、其他机械或障碍物发生碰撞。

（5）在操作过程中，禁止随意拆卸设备防护罩，防止设备内部有动力设备运转造成意外伤害。禁止手伸进设备内部进行操作，以防手部意外受伤。

（6）用倒挡时，排挡杆必须先置于空挡位置，田间作业使用倒挡时，必须集中注意力，关小油门，以免推力将人绊倒，机器后退时伤人。

（7）在机器移动或过沟坎时，必须熄火，用人力移动。

（8）严禁将机器交给不熟悉操作的人员使用。

（9）禁止疲劳或酒后操作机器。

5. 维护与保养

（1）日常维护。

①清理机器。每次作业后，应及时清理机器上的泥土、塑料薄膜残留物、杂草等，特别是清理滚筒、覆膜辊等关键部位，以避免影响机器的正常工作。

②检查紧固件。定期检查机器上所有的螺钉、螺母和连接件是否紧固，发现松动应立即拧紧。

③润滑点润滑。根据制造商提供的维护指南，对机器上的各个润滑点进行润滑，包括轴承、链条、滑轨等部件。

④检查传动部件。检查传动带、链条等传动部件的张紧度和磨损情况，必要时进行调整或更换。

⑤检查刀具和辊轴。确保所有刀具和辊轴锋利且安装牢固，避免因磨损或损坏影响作业质量。

（2）定期维护。

①清洁滚筒和辊轴。定期清洁滚筒和辊轴，确保其表面无积聚物，以避免影响薄膜的正确铺设。

②检查电机和控制系统。检查电机的运行情况以及电气连接是否完好，确保控制系统正常工作。

③检查液压系统（如有）。对液压系统进行检查，确保液压油的油位、油质符合要求，更换过滤器，检查液压管路是否有泄漏或损坏。

④进行专业维护。如果机器出现复杂问题，或者达到制造商推荐的维护周期，请联系

专业的技术人员进行检查和维护。

（3）长期维护。

①存放前的彻底清理。在长期不使用前，应彻底清理机器，清除所有污渍和油污，让机器处于干净的状态。

②保护性存放。将机器放置在干燥、清洁、通风良好的室内环境中，避免直接日晒雨淋。

（四）其他烟草农机介绍

目前，移栽、施肥、采收、装炕机械尚在探索改进中，各地烟草部门做了一些试验性小规模推广，如巴东县推广的能自行升降、自行移动的密集烤房装烟机，装烟机升降平台可临时存放夹好烟叶的烟夹，操作人员站在升降平台上，通过升降机带动升降平台上下移动，便于站在升降平台上的人员从挂烟架的中上层取放烤烟，同时升降平台能自行在地面上移动，使站在升降平台上的人员能直接从一个挂烟架处移动至另一个挂烟架，只需一个人便能完成烟叶上炕工作，装烟效率大幅提高，同时因为有升降平台可以站立，相对于传统的上烟梯装炕要更为安全、更节省体力。

第十节　无人机飞防技术应用

一、无人机飞防技术概述

无人机飞防技术，是利用农用植保无人机进行农药喷洒的一种现代农业植保技术，旨在通过无人机搭载喷洒设备，在空中对农作物进行精准喷洒农药，以防治病虫害、促进农作物健康生长。无人机飞防具有高效、精准、节省资源等优点，是现代农业发展的重要方向之一，自2017年开始在湖北省应用推广，2018年6月鹤峰县引进无人机，免费为全县5个乡镇8 000亩烟草进行无人机植保作业，防治烟草气候斑点病、病毒病等病害。2020年该技术被广泛用于湖北省各县市烟草种植活动中，并逐渐成为烟草绿色生产的关键环节，对烟叶的质量和产量的显著提高具有指标意义。其核心优势包括：

图2-22　无人机作业

1. 提高农业生产效率

植保无人机在农业领域的应用主要是农药（肥料）喷洒（图2-22）和物资搬运等生产环

节。传统的农药喷洒和物资搬运往往受制于劳动力紧缺、劳动力个体差异和作物生长物候期等因素影响，人均作业效率普遍为6～10亩/d，植保无人机的喷洒效率远高于传统人工喷药方式，单台无人机日喷洒作业面积可达300～500亩，效率是人工的30～50倍，地形适应效率较传统机械提升60%，植保无人机农药喷洒尤其适合烟叶旺长后期和高山连片烟区。

2. 提升农业生产质量

传统的喷洒方式往往存在喷洒不均匀、农药耗损大和农残超标等问题，而植保无人机通过高速离心喷头将药液破碎成细小雾滴颗粒，药液雾化雾滴直径几乎均等，利用无人机多旋翼的恒压风场下压药雾，可对作物整个生长环境进行全空间弥漫消杀，同时运用机载感知系统进行实时动态调节，做到“病虫害高发多喷、病虫害轻微少喷”，避免农药过度使用对环境和农产品质量造成影响，提升农业生产质量。响应了国家“农业两减一增”号召，明显提高了农药利用率，大幅降低了烟草农残。据测算，植保无人机飞防可使药液覆盖率达到95%以上，减少农药用量10%～30%。

3. 降低农业生产成本

植保无人机飞防技术在烟草生产活动中通过农药精准喷洒和参与重体力搬运，可以将烟农从人背马驮的高强度、低效率的传统劳动中解放出来，帮助烟农减少劳动用工投入，提高防治效果和生产效率，可以有效地控制农药浪费和大幅降低劳动用工投入。仅植保无人机参与烟用物资重体力搬运一项，单台植保无人机单日播撒或搬运肥料下大田可达30 000 kg、收集吊装鲜湿烟叶可达20 000 kg以上。

4. 助力烟草生产绿色认证

无人机飞防技术采用离心雾化和超低容量变量喷洒技术，使用的农药量更少，每亩可节省95%的水和20%的农药，却保证了田间所有植株都能均匀覆盖，减少漏喷、防止重喷，这种技术人药分离操作减少中毒风险，提高了农药和水的使用效率，降低了农残。其采用电力驱动，没有乌烟瘴气的化石尾气，减少了对大气和环境的污染。此外，植保无人机若搭载高清摄像头和即时图传设备等智能传感器和算法，即可对烟草种植区域进行实时智能化监测和管理，及时发现病虫害等问题并根据不同的作物生长情况提供相应的农业管理建议，保障烟草的健康生长和优质稳产，符合烟草生产可持续绿色发展理念。

二、湖北省无人机飞防技术应用现状

1. 整体情况与典型案例

2024年全省绿色高效专业化植保面积48.73万亩（数据来源：湖北省农业农村厅2024年5月统计公报），其中植保无人机作业面积25.24万亩，占比51.80%，同比增加5.76个百分点。

十堰市丹江口市：2 400亩雪茄烟草基地全面采用无人机飞防，病虫害防治效率提升

90%，亩均成本降低40%；宜昌市兴山县：2023年推广无人机8台，覆盖60%以上烟田，烟农每亩作业成本仅2元，节省人工费600元/30亩；恩施土家族苗族自治州利川市：通过“无人机+专业飞手+党员服务队”模式，实现山区复杂地形全覆盖，病虫害防治效果提升35%。

2. 政策支持与服务体系

湖北省烟草专卖局成立专业化飞防服务队，配备无人机及持证飞手，提供免费或补贴服务；联合地方政府争取资金支持，如竹溪县通过农机农艺融合项目降低烟农机械化投入成本10%～20%。

三、无人机飞防操作规范与流程

1. 设备准备

（1）机型选择。推荐选用国内行业一二线品牌植保无人机如大疆T30，采用双水泵系统保障连续作业，极飞P100Pro等（图2-23），载药量30～60L即可，适配湖北省山地小流域、小地块作业需求。

图2-23 大疆T30无人机（左）和极飞P100Pro无人机（右）

（2）药剂配制。按烟草站设计用药方案，精准配比二次稀释，避免药物拮抗影响疗效或沉淀堵塞喷头和重复用药（案例：丹江口采用“低毒+生物农药”混合方案）。

2. 作业流程

（1）规划航线。使用智能App（如大疆农服、极飞农服）结合现场踏勘，科学设置作业路径和作业参数，确保喷洒效果全覆盖。

（2）现场操作。起飞前检查电池电量、GPS信号及喷头状态；采用“Z”形或“回”字形路线，确保烟株正反面均匀受药；实时监控药液余量，及时返航补充。

3. 作业气象条件

（1）风力。应选择风力在3级以下的气象条件下作业。

（2）风向。应保持上风向作业，避免因雾滴漂移使操作人员暴露于农药环境中。

（3）温度。宜选择温度在15～25℃的气象条件下作业，温度在0～15℃或25～35℃时可根据实际情况择机作业，温度在0℃以下或35℃以上不宜作业。

（4）湿度。宜选择湿度在40%～90%的气象条件下作业。在湿度低于40%作业时，应适当增大雾滴直径，提高亩用水量。

（5）天气。宜在晴天的早上或傍晚作业，下雨天和中午温度较高时不应作业。

4. 作业参数

（1）作业高度。作业高度宜保持在烟株顶部4.5～15 m。

（2）作业速度。作业速度应保持在4.5～13 m/s。

（3）作业行距。作业行距宜为6～10 m。可根据作业高度和作业速度的实际情况进行调整，调整后应保持喷幅不变，避免出现重喷与漏喷现象。

（4）作业路线。根据作业区地理条件、单位面积施药量设置，保证作业均匀，无漏喷、重喷。

5. 安全注意事项

避开高压线、树木等障碍物，山区作业需注意风速突变；操作人员需穿戴防护装备，禁止在强光或雨天作业。

四、无人机飞防技术难点与解决方案

1. 山区地形适应

①问题。湖北省西部多山地，信号易受干扰。

②对策。采用高精度实时动态养分定位（RTK）技术，提前测绘地形；分片区分时段作业。

2. 药剂利用率优化

①问题。雾滴漂移导致浪费。

②对策。添加抗蒸发助剂，选择早晚湿度较高时段作业。

五、无人机飞防技术培训与推广建议

1. 飞手培训体系

①基础课程。无人机结构原理、法律法规［行业品牌操作证+中国民用航空局（CAAC）认证］；

②实操训练。模拟器操作+田间实战（社会培训机构）。

2. 农药基础知识培训

专业课程：农药基础理论知识、烟草种植常用农药及安全使用规范。

公共课程：法律法规（农药管理相关法规）与环保要求。

实操训练：药剂配制实训操作。

3. 烟农宣导策略

（1）组织现场观摩会（如建始县香树湾村示范基地），展示无人机与传统人工对比。

（2）制作方言版操作视频，降低技术接受门槛。

植保无人机在提高农业作业效率方面展现了显著的优势，包括高效的喷洒能力、快速覆盖大面积农田、精确喷洒、实时监控与数据分析以及环保节能等特点。使得植保无人机成为现代农业生产中不可或缺的技术之一。

无人机飞防技术是湖北省烟草产业转型升级的核心驱动力。通过“政策扶持+技术培训+服务下沉”模式，可有效实现减工降本、提质增效目标，推动智慧农业与绿色生产的深度融合。

（注：本书综合湖北省恩施土家族苗族自治州、襄阳市、宜昌市、十堰市等地实际案例，具体操作请以当地烟草部门技术规范为准）。

第三章

烤烟采收与调制

第一节　烟叶成熟采收

一、烟叶部位划分

在实际生产中，烟叶进入成熟期后，部位外观特征才能充分显现，因此，通常把进入成熟期后烟株上的叶片从下向上划分为5个部分，最下部2～3片叶称为脚叶，向上4～5片叶称为下二棚叶；烟株顶端3～4片叶称为顶叶；向下4～5片叶称为上二棚叶，中部4～6片叶称为腰叶。习惯上把脚叶、下二棚叶合称为下部叶；把上二棚叶和顶叶合称为上部叶；把腰叶称为中部叶（图3–1）。

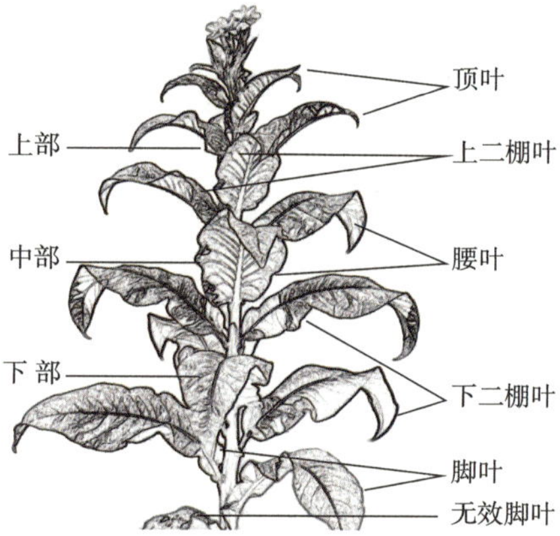

图3–1　烟株上各部位叶片的名称

二、烟叶成熟特征

下部叶，叶色褪绿呈绿黄色（图3–2）；主支脉褪绿变白；叶龄50～60 d，移栽后60～70 d。

中部叶，叶色绿黄色至以黄色为主；主支脉变白至变白发亮；叶耳褪绿或呈浅黄色；叶龄60～80 d，移栽后80～100 d。

图3–2　成熟烟叶

上部叶，叶色充分落黄，以黄色为主；主支脉变白发亮；叶耳浅黄色或有黄色斑点显现；叶龄70～90 d，移栽后120 d左右。

三、烟叶采收原则

烟叶采收时，要求每次采收同一部位、同一成熟度的烟叶。根据田间烟叶长势长相，下部叶适熟采收，中部叶成熟采收，上部叶充分成熟4～6片一次性采收。烟叶采收成熟度应随着叶位的上升（由下至上）逐步提高。特殊烟叶应根据烟叶部位、素质、天气条件等生产实际进行采收。

采收次数，在结构优化后，一般单株采收以4～5次为宜，其中下部叶采收1次、中部叶采收2～3次、上部叶采收1次。顶部叶长度小于40 cm的弃采弃烤。

四、烟叶采收时间和采后堆放

烟叶采收应在早上和上午进行。若烟叶成熟后遇短时间降雨，应在停雨后立即采收，防止烟叶返青；若降雨时间较长，烟叶出现返青现象，应待烟叶再次出现成熟特征时采收。

采收烟叶应避免阳光灼伤，装运时避免机械损伤，卸下的烟叶应堆放在阴凉处，地面铺垫一层隔离物（如池膜、棚膜）以保持烟叶洁净，堆放高度不宜超过50 cm，并及时编（夹）烟。

第二节 烤房检查与编（夹）装烟

一、烤房烤前检查

检查装烟室墙体密封无漏气现象，门窗是否严密，挂烟梁是否完好。

检查地面是否整洁，排湿口、进（回）风口是否通畅。

检查自控系统，控制器主机、循环风机、温湿度探头及连接线、进风门等是否正常。

检查供热系统是否完好、漏烟，换热器、烟囱是否清灰。

检查供电系统、线路是否正常，备用电源能否及时启用等。

二、编（夹）烟

编（夹）烟前，首先将烟叶按照成熟度差异、病残叶等进行鲜烟分类，随手剔除无烘烤价值的烟叶，然后分类编（夹）烟，确保同竿（夹）同质，并分类挂放在挂烟架上，避免日晒，防止损伤。

使用烟竿编烟时，单竿一般编烟120～140片。使用烟夹夹烟时，应根据烟夹规格进行夹烟，同一规格烟夹夹持量要相当。一般单夹夹烟10 ~ 14 kg。夹烟时抖散叶片、叶基部对齐、摆放均匀，叶基部紧靠作业台挡板。插针位置在叶基部10 ~ 15 cm，防烘烤过程中叶片脱落。

三、装烟

同一烤房内要装品种、部位、营养水平相同，成熟度基本一致的烟叶。烟叶采收、编（夹）烟、装烟要在一天内完成。观察窗周围装挂具有代表性的烟叶。

（一）分类装烟

气流上升式烤房：成熟度略高的鲜烟叶及轻度病烟叶装在底层，成熟度表现正常的鲜烟叶装在中层和上层，成熟度差的装在顶层。

气流下降式烤房：成熟度略高的鲜烟叶及轻度病烟叶装在顶层，成熟度表现正常的鲜烟叶装在中层和下层，成熟度差的装在底层。

（二）装烟密度

挂竿烘烤，相邻两个烟竿之间中心距离8 ~ 12 cm，单座烤房一般装烟400竿左右；烟夹烘烤，烟夹要充分靠紧。若烟叶数量（烟夹或烟竿数量）不足装满烤房，其不足部分要用木板填满，不得将烟竿（烟夹）距离加大或留有空隙。含水量大的烟叶以及下部烟叶，装烟密度适当减小；含水量小的烟叶及上部烟叶，装烟密度适当加大。

第三节　烘烤技术及操作要点

一、科学使用密集烤房控制器

（1）干湿球温度计（探头）悬挂位置。干湿球温度计一般有两组探头，分别挂置在烤房的底层和顶层烟叶环境中，距隔热墙2 m，距离侧墙1 m，距挂烟梁上平面60 ~ 65 cm，气流上升式密集烤房选择挂置在底棚的温湿度传感器作为温湿度控制的参照，气流下降式密集烤房选择挂置在上棚的温湿度传感器作为温湿度控制的参照。

（2）按照控制器说明书安装使用。在烘烤操作中，当烟叶变化程度与温湿度要求有偏差时，要及时对温湿度进行调节。

二、正常烟叶烘烤技术（烤软烤香烘烤工艺）

（1）变黄阶段。

烟叶变化要求：烟叶黄片青筋、主脉变软、凋萎塌架，高温层明显勾尖卷边。

第一步，36℃稳温。点火后，3～4 h将烤房温度升到36℃，保持湿球温度35～36℃，稳温烘烤4～6 h，至烟叶发热出汗，整炕烟叶温度均匀；一般不排湿，风机低速运转（图3-3A）。

第二步，38～39℃稳温。以每2 h升温1℃的速度将干球升到此温度，保持湿球36～37℃，稳温烘烤16～24 h，至高温层烟叶变黄八成（基部带青）及以上，且明显失水发软。此温度段前期适度保湿变黄，再根据烟叶变化，灵活调控干湿球温度，促进烟叶变黄与脱水协调；风机低速运转（图3-3B）。

第三步，42～43℃稳温。以每2 h升温1℃的速度将干球升到此温度，保持湿球36～37℃，稳温烘烤16～24 h，至整炕烟叶黄片青筋、主脉变软、凋萎塌架，高温层明显勾尖卷边。此温度段应灵活调控干湿球温度，在烟叶变黄、脱水均达到变化目标后再转火升温；烘烤过程中应避免湿度过低；风机高速运转（图3-3C）。

（2）定色阶段。

烟叶变化要求：整炕烟叶大卷筒，叶片全干。

第四步，47℃稳温。以每2～3 h升温1℃的速度将干球升到此温度，保持湿球37～38℃，稳温烘烤12～18 h，至整炕烟叶主脉变黄，高温层烟叶小卷筒，低温层明显勾尖卷边。风机高速运转（图3-3D）。

第五步，50℃稳温。以每2 h升温1℃的速度将干球升到此温度，保持湿球37～38℃，稳温烘烤6～8 h，至高温层叶面干燥1/2以上，低温层小卷筒。风机高速运转（图3-3E）。

第六步，54℃稳温。以每2 h升温1℃的速度将干球升到此温度，保持湿球38～39℃，稳温烘烤16～18 h，至整炕烟叶大卷筒，叶片全干。风机高速运转（图3-3F）。

（3）干筋阶段。

烟叶变化要求：整炕烟筋全干。

第七步，68℃稳温。以每1 h升温1℃的速度将干球升到此温度，保持湿球40～42℃，稳温烘烤24 h左右，至整炕烟筋全干。此阶段严禁干球温度超过68℃、湿球温度超过43℃。风机在54℃结束后即调为低速运转（图3-3G）。

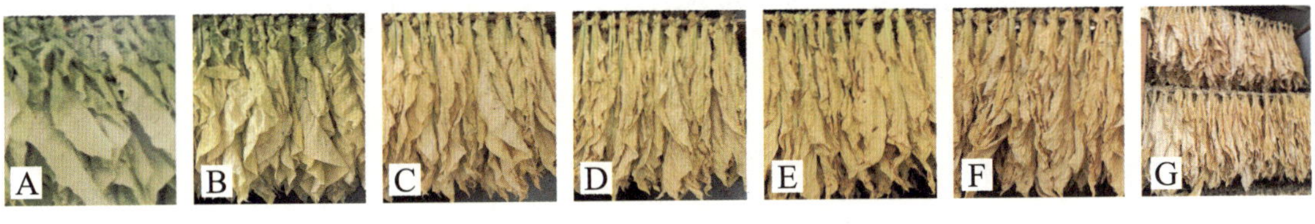

图3-3　正常烟叶烘烤技术阶段

三、特殊烟叶烘烤技术

（1）含水量大的烟叶。含水量大的烟叶，烘烤过程中变黄失水不易协调，容易出现蒸片、糟片甚至腐烂现象。

①烤前处理。一是采收的鲜烟叶要及时分类编竿并挂置在阴凉处。二是要减少编烟和装烟密度。结合烟叶含水量适度减少编烟和装烟密度。三是装烟完成后，打开风机通风循环1 h左右（高低速每0.5 h交替使用）。

②烘烤关键。一是减少36℃以下低温变黄时间。点火后，3～4 h将干球温度升至36℃，干湿同步不排湿以提高整炕烟叶温度，稳温烘烤4 h左右，在整炕烟叶发热出汗后及时升温。二是适度降低变黄中期38～39℃烟叶变黄程度，协调烟叶变黄失水。此温度段前期适度保湿变黄，再根据烟叶变化，灵活调控干湿球温度，促进烟叶变黄与脱水协调。在高温层烟叶变黄七八成且充分失水发软后及时升温。三是适度提高变黄后期42～43℃烟叶失水干燥程度，防止烟叶因失水不足在转火后出现蒸片。此后按正常烟叶烘烤技术执行。

（2）含水量小的烟叶。含水量小的烟叶，烘烤过程中变黄失水不易协调，变黄速度较慢、定色难度大，容易出现基部、支脉含青情况。

① 烤前处理。一是烘烤前要检查烤房的密闭性，确保烤房保湿性能良好。二是宜采露水烟，增加烤房烘烤湿度。三是编烟装炕应采取稀编竿、装满炕技术措施。

②烘烤关键。一是减少36℃以下低温变黄时间。点火后，3～4 h将干球温度升至36℃，干湿同步不排湿以提高整炕烟叶温度和湿度，稳温烘烤6 h左右，在整炕烟叶发热出汗后升温。二是适度提高38～39℃烟叶变黄程度至八成黄及以上。此温度段前期适度保湿变黄，再根据烟叶变化，灵活调控干湿球温度，适度排湿促进烟叶变黄与脱水协调。三是适度延长变黄后期42～43℃烘烤时间，进一步促进烟叶内在物质的分解转化程度，同时适度提高烟叶失水干燥程度。进一步提高烟叶烘烤成熟度，此后按正常烟叶烘烤技术执行。

第四节　上部烟叶带茎采烤技术

一、烟叶采收原则与方法

采收原则：上部烟叶4～6片充分成熟后，连同部分茎秆采收。

采收方法：用剪刀类工具直接将带有烟叶的茎秆剪断，带茎烟叶两端茎秆长度以

3 ~ 4 cm为宜，不宜过长，避免运输、绑竿和装烟过程中划破烟叶。茎秆剪断后，待叶片稍失水再从田间收集运送，避免因叶片膨胀造成折断损伤，同时，防止晴天在田间放置时间过长造成日灼伤害。

二、绑（挂）烟和装烟

绑（挂）烟方法：将茎秆上最下端一片叶片挂放在烟竿上，依次交错排列挂放，烟竿挂满后用棉（麻）线绳将茎秆捆绑固牢；单竿绑烟一般在35株左右为宜，两端保留5 cm左右空竿；烟叶绑（挂）时避免与地面摩擦受损，已绑好的烟叶应放置在阴凉处（图3-4A）。

装烟密度：同一烤房要装品种、栽培管理条件、成熟度、采收时间一致的烟叶。装烟从加热室隔墙开始，由内向外、从上向下依次交错装烟，同一层的烟竿要分布均匀，单炕装烟量一般在320竿左右为宜，烤房必须装满，不留空隙。观察窗周围装挂具有代表性的烟叶。当天采收的烟叶，要当天绑（挂）烟、装烟，并点火烘烤（图3-4B）。

图3-4　绑（挂）烟和装烟

三、烘烤操作要点

（1）变黄阶段。

烟叶变化要求：烟叶充分变黄，且叶片凋萎塌架、主脉变软、勾尖卷边特征明显。

第一步，36℃稳温。点火后，将干球温度4 ~ 5 h升至36℃，干湿球温度差1℃左右，稳温烘烤8 h左右，至高温层烟叶发热出汗。一般不排湿，风机低速运转。

第二步，38 ~ 40℃稳温。以每2 h升温1℃的速度将干球升到38 ~ 40℃，保持干湿球温度差在1 ~ 2℃，稳温延长时间，烘烤至高温层烟叶变黄八成黄以上、叶肉基本全黄、叶片发软。此温度段前期适度保湿变黄，再根据烟叶变化，灵活调控干湿球温度，促进烟叶变黄与脱水协调；风机低速运转（图3-5A）。

第三步，42 ~ 44℃稳温。以每2 h升温1℃的速度将干球升到42 ~ 44℃，保持湿球温度在35.5 ~ 36.5℃，延长烘烤时间，使高温层烟叶黄片青筋、凋萎塌架、主脉变软、明显勾尖卷边，低温层叶片叶肉基本全黄。风机在干球温度达到40℃以前保持低速运转，之后调为高速运转（图3-5B）。

（2）定色阶段。

烟叶变化要求：干球温度50℃以前烘烤至整炕烟叶主脉变黄、高温层烟叶叶面干燥1/3～1/2，54℃稳温至整炕烟叶基本全干、高温层烟叶主脉干燥1/3以上。

第四步，47～48℃稳温。干球温度以每2～3 h升温1℃的速度升至47～48℃，保持湿球温度在36～37.5℃，烘烤至高温层烟叶失水达到小卷筒，低温层烟叶黄片黄筋、勾尖卷边明显，全炕无青筋。风机高速运转（图3-5C）。

第五步，50℃稳温。以每2 h升温1℃的速度将干球温度升到50℃，保持湿球温度在37～38℃，烘烤至高温层烟叶叶面干燥1/2左右，低温层叶片叶面干燥1/3以上，稳温4～6 h。

第六步，54℃稳温。以每1～2 h升温1℃的速度将干球升到54℃稳温，保持湿球温度在38～39℃，延长时间，烘烤至整炕烟叶全干，高温层烟叶叶片主脉干燥1/3以上。风机高速运转（图3-5D）。

（3）干筋阶段。

烟叶变化要求：全炕烟叶主脉、茎秆干燥。

第七步，65～68℃稳温。以每1 h升温1℃的速度，将干球温度升到65～68℃保持稳定，直至整炕烟叶主脉充分干燥。在干球温度达到60℃以前，保持湿球温度在39～40℃；60℃以后，保持湿球温度在40～42℃。风机运转在54℃烘烤结束后，调为低速运转，直至烘烤结束（图3-5E）。

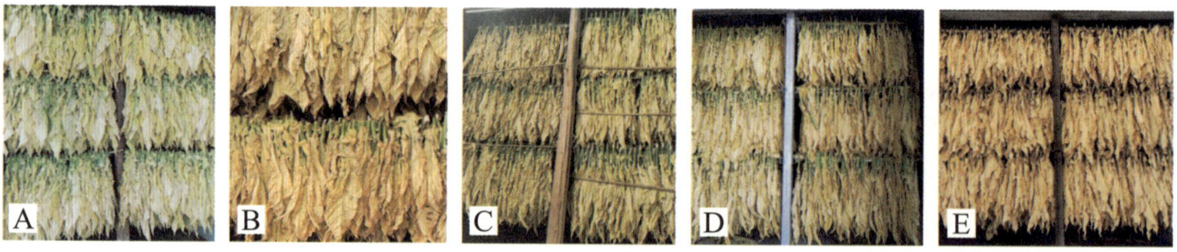

图3-5　上部烟叶带茎烘烤操作要点

四、回潮、剥叶

（1）烟叶回潮。一般自然回潮，在烟叶主脉和茎秆干燥后停止加热，待烤房温度降低到45～50℃时打开烤房门、窗、进排湿口等，使烟叶自然吸潮达到叶脉稍脆易折断、叶片不易破碎，水分含量以15%为宜。其他回潮方法使烟叶吸水达到要求的水分标准，防止回潮过度。

（2）剥叶。回潮后的带茎烟叶及时用剪刀类工具自叶柄与茎秆连接处剪断，使烟叶与茎秆分离，防止茎秆中的水分渗入烟叶基部造成霉变。

第五节 避免烤坏烟的技术措施

一、避免烟叶烤青技术

（1）烟叶成熟采收。下部烟叶适熟采收，中部烟叶成熟采收，上部烟叶充分成熟4～6片一次采收，特别是中上部烟叶确保长熟采收，避免因采收烟叶的成熟度不够，导致烟叶难以变黄而烤成青烟。

（2）适度延长42～43℃烘烤时间，提高烟叶变黄程度，避免因转火升温过急造成烟叶烤青。在42～43℃烘烤结束后，整炕烟叶应达到黄片青筋、主脉变软、凋萎塌架，高温层明显勾尖卷边。即高温层叶片支脉基本全变黄、勾尖卷边，低温层叶片叶肉基本全黄，再转火升温。

二、避免烟叶烘烤挂灰技术

（1）缩短36℃以下低温变黄时间，避免烟叶变黄期因营养物质过多消耗出现挂灰。

（2）适度提高变黄后期42～43℃烟叶失水干燥程度，至高温层叶片达到勾尖卷边状态后再升温定色，防止烟叶失水不足在转火后出现挂灰、蒸片。

（3）定色期缓慢升温，以每2～3 h升温1℃的速度升温，避免出现急升温或大幅掉温，造成烟叶挂灰。

三、防止烘烤过程中烟叶霉变技术

（1）确保烤房性能完好。烟叶采烤前，检查烤房密封性和通风排湿系统，对于烤房墙体出现裂缝、门窗密封不严、通风排湿系统故障、屋顶渗水等情况，要及时进行维修。

（2）合理编（夹）烟和装烟。编（夹）烟和装烟要结合烟叶部位、烟叶素质等生产实际进行，要求数量适宜且稀密均匀，对气流上升式密集烤房，可适度减少顶层装烟量，提高烤房通风排湿效果。

（3）缩短36℃以下低温变黄时间。36℃以下低温变黄时间应控制在3～4 h，36℃温度点稳温烘烤4～6 h，在烤房内温度均匀、烟叶发热出汗后及时升温。

（4）变黄阶段烤房内垂直温差要控制在1.5℃范围内，若出现温差偏大，应通过循环风机高低速进行调节。

（5）对于含水量大的特殊烟叶，要做好烤前处理。采收的鲜烟叶及时分类编竿并挂置在阴凉处，散失叶片表面水分；同时结合烟叶部位、含水量等适度减少编（夹）烟和装烟密度，减小烘烤过程中的排湿压力。

第六节 密集烤房配套设备管理与维护

一、密集烤房配套设备管理与维护的重要性

（1）延长使用寿命。定期维护和保养，可以减少设备磨损和损坏，提高设备的使用寿命。

（2）降低燃料投入量。良好的维护确保设备的高效运行，减少能源浪费，从而达到节约燃料的目的。

（3）降低维修成本。定期保养和更换易损件，可以避免设备大修或更换，节省维修成本。

（4）提高生产效率。定期维护和保养烘烤设备，可以确保设备处于最佳状态，提高设备运行效率，进而提高工作效率。

（5）提升企业形象和信誉。设备维护可以提升企业形象和信誉，展现企业对产品质量和生产安全的重视。

（6）保障生产安全。烘烤设备维护可以确保设备安全运行，减少生产事故的发生。定期进行设备检查和维护，可以发现潜在的安全隐患，及时采取措施加以解决，保障生产安全。

二、加热室配套设备管理和维护

（1）烟囱。清灰门耐高温密封材料是否完整、是否破损；烟囱清灰门把手是否损坏；烟囱内是否有异物；烟囱内是否清灰等。

（2）加热室。地面是否有异物，特别是易燃物；火箱清灰门镀铬手轮是否缺失、是否拧紧；火箱清灰门耐高温密封材料是否缺少、是否破损等；火箱内散热管内是否有异物、是否及时清灰；左右火箱隔板是否变形或者损坏。

（3）炉体。炉膛内是否有异物、是否清灰；炉门耐高温密封材料是否破损、是否缺失；炉门把手是否存在、是否破损；炉门合页是否破损等。

（4）灰坑。灰坑内是否清灰；灰坑门把手是否缺失、是否破损；灰坑门合页是否破损等。

（5）其他。耐火砖是否破损、是否缺失；炉栅是否缺失、是否上下装反。

三、通风排湿设备管理和维护

（1）烤前管理和维护。

排湿百叶窗是否有异物；是否缺失、变形；密封性是否良好。

检修门是否密封，密封胶条是否损坏；风机台板上是否有异物；风机安装是否有松动；风机安装位置相同，风叶安装角度不同，要确定是否安装正确；安装后调试风机正反转。

转叶是否有异物卡住，是否变形，是否关闭严实；冷风进风门是否能正常打开、关闭；电机是否正常运行。

（2）烤后管理和维护。

用干毛巾、干毛刷或吹风机清理循环风机及风叶等部件的灰尘；用废弃机油涂抹螺孔、螺母等部件；用废大棚膜或池膜包裹循环风机及电源线，进行干燥保存。用废机油涂抹冷风进风门转动轴及螺母、螺孔等。

四、自控设备管理和维护

（1）烤前管理和维护。

循环风机高低速接线是否正确；鼓风机电源线是否连接；温湿度传感器接线端子是否连接；自控仪显示屏排线是否连接；备用干电池是否安装；保险管及备用保险管是否安装；自控仪是否连接地线。

水壶中要装满洁净的清水；湿球温度传感器感温探头用干净脱脂棉包裹完好；脱脂棉是否置于水中；干球温度传感器感温探头和湿球温度传感器感温探头不能装混；湿球温度传感器感温探头与水面距离要适中；两组干湿球温度传感器对应挂置于装烟室底棚和顶棚。

（2）烤后管理和维护。

自控仪恢复出厂设置，进料开关调至手动模式；用干毛巾、干毛刷或者吹风机清理自控仪内、外灰尘；拆卸自控仪，放置干燥处、装烟室内或者用塑料薄膜包裹，防止受潮。

清理掉温湿度传感器水壶内的水；用清水清洗湿度探头的脱脂棉，晒干后保存；拆卸后的温湿度传感器、电线和自控仪一起放置干燥处或者装烟室内。

五、装烟室配套设备管理和维护

装烟室门是否变形、密封胶条是否完整、损毁等；观察窗是否有双层玻璃、玻璃是否洁净；大门上方是否有排湿口、排湿口处是否有异物；大门把手、锁扣部件是否完整、是否损坏等。

装烟室墙体是否完整，是否有孔洞；装烟室房顶是否漏水；挂烟架梁是否完整、是否损毁；热风进风口是否有异物；隔热墙上方百叶窗是否完整、是否有异物；隔热墙的温湿度传感器穿线孔是否密封等。

六、生物质颗粒燃烧机的管理和维护

（1）烘烤前的管理和维护。

安装：生物质颗粒燃烧机和发热体是否紧固、密封。

试运行：生物质颗粒燃烧机是否点火正常；绞龙是否正常运行、料斗内是否有异物等。

熄火：按照操作规程进行熄火。

（2）烘烤中的管理和维护。

看：看生物质颗粒是否存在异物。

清：时常清理灰坑门和沉降箱的积灰；每2房烟清理烧盘积灰1次。

查：查看配套自动控制器运行是否正常。

（3）烘烤后的管理和维护。

清理料斗箱，确保料斗无余料，同时卸下料斗箱；通过自动控制器手动模式清理燃烧机送料绞龙内余料。

卸下燃烧机，拆除燃烧盘；逐一疏通燃烧机挡火板和燃烧盘的通风孔，用细铁丝对通风孔进行清理。

用废机油涂抹挡火板、燃烧盘以及连接螺栓；疏通外置燃烧机的内胆和外胆，用废机油涂抹，防止生锈。

用干毛巾、干毛刷或吹风机清理燃烧的各部件的灰尘；清理各连接螺栓、螺母、螺孔等，用废机油进行涂抹；组装燃烧机，然后用废池膜或大棚膜将燃烧机包裹密封放置室内或者装烟室内，确保干燥保存。

做好设施设备建管用，杜绝“只用不养、只修不养、只换不养”。

第四章

烟叶的分级与收购

第一节　烟叶分级

一、概述

（一）烟叶分级的重要性

（1）有利于合理利用国家资源，充分发挥其资源和经济效益。大田烟叶素质各异，调制后质量也不相同，如果优劣混杂，使用价值必然降低，造成资源浪费，经济效益降低。

（2）满足卷烟工业的需要。原烟经过多次加工，科学配方才能生产出符合消费者要求的、风格不同的卷烟。科学配方是在烟叶分级的基础上完成的。如高档烤烟型卷烟以中部叶为主。

（3）有利于贯彻以质论价，优质优价的价格政策。不同质量的烟叶具有不同的使用价值，也具有不同的经济价值，通过烟叶分级可以使优质优价的价格政策得到正确贯彻。

（4）有利于促进烟叶生产发展，提高农民经济收入。优质优价政策有利于调动烟农生产优质烟叶的积极性，增加烟农的经济收入，同时分级和价格也为烟农指明了烟叶生产的方向。

（5）有利于商业经营和对外贸易。与国际市场接轨，外贸部门可发展对外贸易，出口创汇。

（6）合理分级，有利于做好对烟叶副产品的开发利用。如低质量烟叶及烟叶副产品合理地开发利用。

（二）国标的组成

烤烟国标由文字标准、实物标样、名词术语、分组、分级、验收规则、检验方法、包装储运等组成。

（三）国标的作用

（1）质量导向作用。

（2）对烟草农业生产定向栽培的引导作用。

（3）对卷烟质量的规范作用。

（4）协调国家、企业、烟农三者利益关系的作用。

（5）连接国际市场的纽带作用。

（四）烤烟国标的制定原则

（1）分清烟叶类型（烤烟、晾烟、晒烟、熏烟）、品质（上等烟、中等烟、下等烟）、合理利用国家资源。

（2）适应工业生产，保证工业产品质量。烟叶质量标准，以正常年份为依据，等级内下限以基本上符合最低级卷烟质量要求为依据。

（3）保证烟农合理收益，有利于烟叶生产。凡能符合工业加工产品最低质量要求的均应列入等级内，同时应考虑烟农操作便利，技术和生产条件可能，不能过多地耗费劳动力。

（4）繁简适度、便于检验。根据烟叶外观可分程度，工业生产的需要和烟农的操作能力来决定。

（5）借鉴国际先进烟叶分级标准。尽可能与国际先进分级标准的主要技术指标相一致，适应国际市场的要求，以利于出口创汇。

二、烟叶质量

（一）农业生产与分级的关系

烤烟分级就是要区分烟叶性质，合理利用烟叶资源。烟叶受品种、气候、土壤、栽培、烘烤等多种因素的影响，要科学而合理地分级，就必须了解这些因素对烟叶分级的影响。

（1）品种。烤烟品种代表烟叶的种性和遗传性，是相对稳定的基因性状。品种不同，叶片数目、株高、生育期、抗病性、烘烤特性不同，相应地生产出来的叶片宽窄、大小、厚度也不同，从而导致烟叶的质量不同。一般认为，在相同的栽培条件、环境条件和烘烤措施下，少叶型品种身份适中至较厚，内含物比较丰富；多叶型品种则叶薄，内含物较少。外观特征相似的烟叶，品种不同，内在质量有较明显的差异。过去所提的“黄、鲜、净、小、淡、薄”“七成收，八成丢”都是多叶型品种或营养不良的产物。

（2）栽培措施。

①施肥。平衡施肥和测土配方施肥是获得优质烟叶的基础条件。若施肥过少，特别是氮肥过少，往往烟株发育不良，后期脱肥，造成产量低、内在品质低，还会造成假熟叶的

出现。施肥过多，特别是氮肥过多，造成烟叶黑暴、粗筋暴脉、刺激性大，内在成分不协调，形成现在工业不欢迎的“僵、长、厚”烟叶。若各种肥料之间比例不协调，也会降低烤烟等级质量。特别是氯离子过多，会造成烟叶黑灰熄火，影响烟叶乃至烟支的燃烧性，使得烟叶色泽灰暗，吸湿性增加，易引起霉变。

②栽培。在适宜种烟地区品种是基础，栽培是条件。栽培季节、移栽时期、种植密度、留叶数及种植制度的不同都影响烟叶的等级质量。密度大，留叶多，生产出来的烟叶偏薄，内在质量差，化学成分不协调。密度小，留叶少，会使上部叶充分伸展，叶片偏厚，烟叶品质降低。

（3）烟叶调制。烘烤过程是一系列复杂的生理生化过程，主要是颜色的变化、水分的散失以及内在化学成分的协调。它直接影响着烟叶等级质量的高低。若采收不熟的烟叶，烤后常不同程度地含青、油分不足、弹性差、刺激性较大。采收过熟的烟叶，烤后组织疏松、干物质少、颜色变暗、弹性变差、油分含量少。在定色期以前温度过高，易硬变黄或者蒸片，后期水分过大会发生棕色化反应。若变黄期时间过短，定色过早，烟叶易烤青。定色期升温过快和掉温都会导致挂灰，干筋期温度过高还会烤红烟。初烤烟回潮如不当，也会造成潮红和破碎，储藏不慎会发生霉烂。这些情况都会直接影响烟叶的等级质量。

（4）自然条件。烟株要完成充分的生长发育，必须有与之相适应的生态条件。土壤、降雨、日照、温度和病虫害等都直接影响烟株的生长和发育，进而影响烟叶等级。

①温度。烟株生长的各个生育期都要求一定的生物学温度和积温。温度低于烟株生长的生物学温度，烟株停长，甚至死亡。温度过高，也会造成烟叶灼伤，特别是后期的上部叶出现焦片、焦尖现象。烟株生长适宜的温度为25～28℃，温度稍微偏低，会使烟株生长健壮，但内在质量变差。温度偏高，尽管烟株生长迅速，但抗逆性、内在质量也有变差趋势。昼夜温差大有利于改良烟叶的品质。

②土壤。土壤是烟株营养的直接供给者，微酸性土壤较适宜烟株的生长。若土壤含氮量过高，不适宜烟株的生长，0～60 cm土层内氯离子含量超过60 mg/kg不适宜种烟，氯离子含量高，烟叶灰暗，油分少，吸湿性强，燃烧性变差。在磷、钾含量高的土壤上适宜种植烟草。

③日照和降雨。在年降水量600～800 mm的地区，适宜烟株的生长。降雨过多，特别是后期降雨过多，会引起烟株徒长，促使病害发生，不易烘烤，影响烤后质量；过少，会造成烟叶水分亏缺，产量下降，成熟采收季节易造成假熟现象。烟株生长发育也要有一定的日照长度。过短，满足不了烟株的生长发育，产量没有保证；过长，会使烟叶组织粗糙，叶片变厚，不同程度地降低烟叶的质量。

④病虫害。病虫害的发生会直接影响到烤后烟叶的残伤和破损的比例以及杂色的程度

和面积。

（二）烟叶质量的概念

烟叶质量是反映和体现烟叶必要性状均衡情况的综合性概念，包括外观质量和内在质量、物理特性、化学成分、安全性和使用质量。具有时间性、对应性和区域性。

（三）烟叶外观质量

烟叶的外观主要有部位、颜色、成熟度、身份、油分、叶片结构、色度、叶片大小与形状、叶面状态、杂色、光滑和残伤特征等。烟叶外观特征在很大程度上能够反映出烟叶的化学品质或吸食品质，因此，可以用外观特征来评价、衡量烟叶的质量。有些外观特征如部位、颜色等主要反映烟叶的质量特性，而油分、身份、叶片结构和色度等则主要反映烟叶的质量水平（优劣），成熟度、杂色、光滑等既与烟叶质量特性有关，又与烟叶质量水平有关。所以，选择部位、颜色、光滑、杂色和含青度等外观特征来衡量烟叶的质量特征并称为分组因素，选择成熟度、叶片结构、身份、油分、色度、长度、残伤等外观特征用以衡量烟叶的质量水平（优劣）并称为分级因素。

（1）部位。烟叶在烟株上着生的空间位置。不同着生位置的烟叶具有不同的外观特征，其反映的内在质量也有所不同。按部位高低而论，通常认为中部叶质量最好，上下二棚的质量次之，顶叶和脚叶质量最差。

（2）颜色。颜色是指鲜叶烘烤调制后呈现的基本色彩。不同颜色的烟叶具有不同的质量特点。按颜色深浅而论，一般认为橘黄色烟叶质量最好，柠檬黄色和红棕色烟叶次之，青黄色烟叶质量最差。柠檬黄色烟叶一般因香气不足，吃味平淡，在卷烟工业往往只作配方的填充料。

（3）成熟度。成熟度是指烟叶的成熟程度，包括田间鲜叶成熟度和调制后的成熟度在烟叶上的综合表现。成熟度是衡量烟叶质量的中心因素，是卷烟质量的基础。

成熟度按程度档次而论，以成熟的烟叶质量为好，尚熟烟叶质量次之，假熟、欠熟烟叶质量最差。完全成熟烟叶虽然质量较佳，但数量不多，没有形成一定的商品批量。研究表明，介于成熟和完全成熟之间的高成熟度烟叶是目前国内追求的质量目标。

（4）叶片结构。叶片结构是指烟叶细胞的疏密程度。分为疏松、尚疏松、稍密、紧密4个档次。叶片结构按程度档次而论，均以结构疏松的烟叶质量最好，结构紧密的烟叶质量最差。

（5）烟叶身份。烟叶身份是指烟叶叶片的厚度，包括叶片的密度和单位面积重。一般密度大、单位面积重的烟叶叶片较厚；密度小、单位面积轻的烟叶叶片较薄。烟叶身份分为薄、稍薄、中等、稍厚、厚5个档次。

（6）烟叶长度。烟叶长度是指叶片由柄端至尖端的量度。对失去叶尖的烟叶应以实有长度计算。叶片的长短主要对卷烟工业的出丝率、含梗率有影响。一般叶片短而窄的烟叶出丝率低，含梗率大。

影响叶片长度的因素主要有部位、品种、栽培条件。一般地讲，同一株烟叶中部叶片较长，脚部叶片和顶部叶片较短。

（7）残伤。烟叶组织受到破坏（病斑、焦枯），失去成丝的强度和坚实性，基本无使用价值，以百分数计算。

（8）破损。烟叶组织因机械损伤而失去原有的完整性，且每片叶损失面积不超过50%，以百分数计算。

（四）烟叶内在质量

烟叶的内在质量是指烟叶燃烧后表现出来的质量好坏，主要包括香气质、香气量、杂气、劲头、刺激性、烟气浓度、余味等。

三、烟叶分级原理

目前世界范围内的烟叶分级大都按如下体系进行：分类—分型—分组—分级，这一体系称之为烟叶分级的原理。首先按照烟叶的调制方法、性质和用途分类；同类烟叶再按烟叶种植的生态类型区分型；再按部位、颜色等分组；最后依据一定的分级因素分级，即在各个组内又分成若干个等级，最终分清烟叶的质量。

（一）分类

依据烟叶的调制方法、性质和用途对烟叶所进行的类别划分过程。按调制方法分类：烤烟、晾烟、晒烟、熏烟（图4-1）。

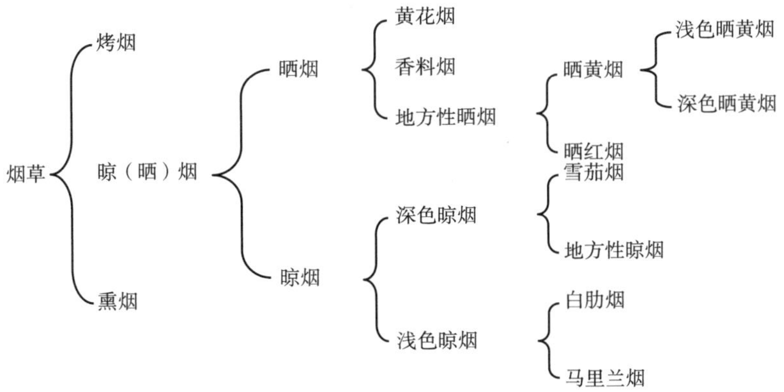

图4-1 烟叶调制方法分类

（二）分型

分型是对同一类烟叶的再区分。自然条件、品种条件、土壤条件、栽培条件的不同，都会导致烟叶内在质量的差异，分型就是要分清不同的生态环境条件对烟叶质量的影响。目前按照生态区域将我国烟草种植区域划分为西南烟草种植区、长江中上游烟草种植区、东南烟草种植区、黄淮烟草种植区和北方烟草种植区等5个一级烟草种植区和26个二级烟草种植区。根据感官评价指标，将全国烤烟产区划分为西南高原生态区——清甜香型、黔桂山地生态区——蜜甜香型、武陵秦巴生态区——醇甜香型、黄淮平原生态区——焦甜焦香型、南岭丘陵生态区——焦甜醇甜香型、武夷丘陵生态区——清甜蜜甜香型、沂蒙丘陵生态区——蜜甜焦甜香型、东北平原生态区——木香蜜甜香型等8个区域。

（三）分组

烤烟分组是指依据烟叶着生部位、颜色和其他总体质量相关的主要特征，将同一类型内的烟叶进一步划分。分组的主要依据是对烟叶质量影响较大的诸如部位、颜色等外观因素，把质量接近的几个等级划分在一起。现行烤烟国家标准将烟叶分为13个组别，其中正组8个，副组5个（表4-1）。

表4-1　烤烟分组

组别	特征	名称
正组	正组为生长发育正常，调制适当的烟叶设置，包容了正常生产的大部分烟叶	XL、XF、CL、CF BL、BF、BR、H
副组	副组为生长发育不良或采收不当或调制失误以及其他原因造成的低质量烟叶	BK、CXK、S、V、GY

（四）分级

对同一组内的烟叶，按照一定的分级因素，用感官的方法把烟叶划分成若干个等级的过程称为分级。烟叶等级是衡量烟叶外观质量的基本单位，只有准确按照烟叶分级标准进行等级划分，才能达到分清烟叶质量的目的。现行烤烟国家标准将烟叶分为42个级。

四、烤烟分组

（一）烤烟部位分组

（1）部位分组的概念。部位分组是依据外观特征将具有不同吸食特征和化学成分的烟叶区分开来，依据烟叶所具有的不同的部位特征，将烟叶分成不同组别的方法。现行烤烟国家标准中将烟叶分为3个部位组：下部叶组（X）、中部叶组（C）、上部叶组（B）（表4-2）。通常将烟株下部2～3片叶称为脚叶，向上4～5片叶称为下二棚叶，烟株顶端3～4片叶称为顶叶，向下4～5片叶称为上二棚叶，中部4～6片叶称为腰叶。将脚叶和下二棚叶合称为下部叶，上二棚和顶叶合称为上部叶，腰叶称为中部叶。

表4–2 不同部位烟叶的外观特征规律

部位	脉相	叶形	叶面	身份	颜色
下部叶组	较细	较宽圆	平坦	薄至稍薄	多柠檬黄色
中部叶组	适中，遮盖至微露叶尖处稍弯曲	宽至较宽，叶尖部较钝	皱缩	稍薄至中等	多橘黄色
上部叶组	较粗到粗，较显露至突起	较宽至较窄，叶尖部较锐	稍皱褶至平坦	中等至厚	多橘黄色至红棕色

（2）不同部位烟叶的外观特征。

部位特征总结：土黄片薄筋细小，定是脚叶跑不了。大筋弯弯小筋平，尖厚基薄下二棚。大筋微露色金正，全身一致正当中。大筋显露小筋拱，颜色深红上二棚。大筋粗显色棕褐，叶面棘手是顶壳。

部位划分如有几个外观特征相互间出现矛盾的情况，以脉相和叶形为依据（图4–2）。

图4–2 以脉相和叶形划分

（3）影响部位外观特征的因素。

①品种。品种是决定烟叶叶片性质表现的内因。少叶型品种的叶片较厚，叶色较深；多叶型品种的叶片较薄，颜色较浅。有的叶形较窄长，有的则较宽圆。有的叶脉较粗、较显露，有的则相反。

②自然条件。北方烟叶比南方烟叶厚、单叶重高、叶面积大。光照充足、温度高的地区，烟叶较厚、较大。干旱使烟叶变厚。

③栽培条件。不打顶的烟叶部位不太明显，打顶后的上部叶开片充分，叶片变得宽大，叶尖也会变钝。打顶早、留叶少，叶片厚而大，颜色深，腰叶甚至会出现上二棚的某

些特征。不同施肥水平对烟叶影响较大。

（二）烤烟颜色分组

（1）颜色分组的概念。依据烟叶表面所具有的不同颜色特征，将烟叶分为不同组别的方法。

现行烤烟国家标准中将烟叶颜色分为：橘黄色（F）（图4-3）、柠檬黄色（L）（图4-4）、红棕色（R）（图4-5）3种基本色以及青黄色（GY）、杂色（K）等非基本色（图4-5）。

图4-3　橘黄色烟叶

图4-4　柠檬黄色烟叶

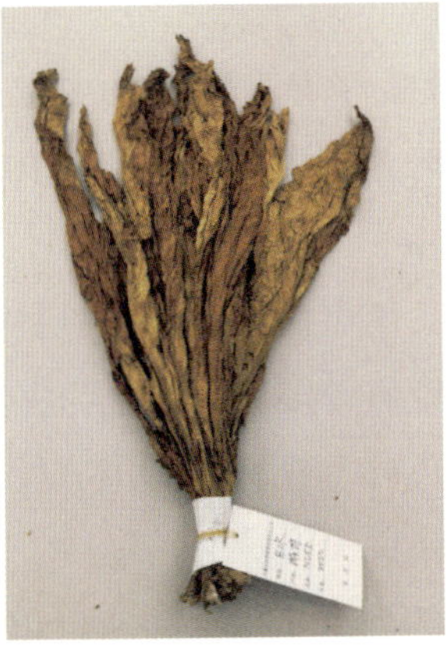

红棕色

挂灰

青痕

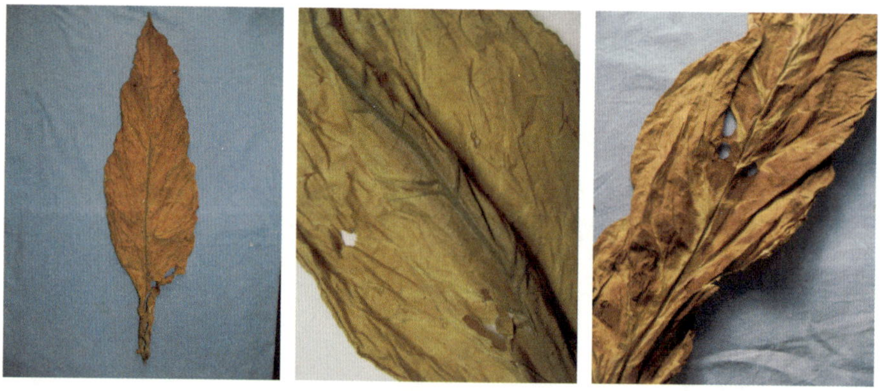

严重烤红　　　洇筋　　　蒸片

图4-5　红棕色及非基本色烟叶

（2）基本色组。

①柠檬黄色组（L）。烟叶表面呈现纯正黄色的组，包括淡黄色和正黄色。

②橘黄色组（F）。烟叶表面以黄色为主，并呈现较明显红色的烟叶组，包括金黄色和深黄色。

③红棕色组（R）。烟叶表面呈现明显红棕色组。包括橘红色、浅红棕色和红棕色。

（3）非基本色组。

非基本色是指非正常情况下形成的非正常颜色，非基本色组包括青黄色组（GY）、微带青色组（V）、杂色组（K）。

①青黄色组（GY）。青黄烟的定义：指黄色烟叶上含有任何可见的青色且不超过三成。下限：任何可见的青色，无论其含青程度多么微弱。上限：不超过三成。青黄是含青的综合状态，可以从含青程度或含青面积两者任一角度判定。含青程度不超过三成时，不论其含青面积多大，都属于青黄烟范畴；含青面积不超过三成（30%）时，则无论其含青程度几成，也属于青黄烟范畴。

②微带青色组（V）。黄色烟叶上叶脉带青或叶片含微浮青面积在10%以内的烟叶组。微带青定义规定了微带青叶的允许范围：叶脉带青或叶片含微浮青面积在10%以内，二者不得同时并存。

③杂色色组（K）。烟叶表面存在的与基本色不同的颜色斑块（青黄烟除外）。轻度洇筋、局部挂灰、蒸片、严重烤红、潮红、全叶受污染、青痕较多、受蚜虫为害。

任何杂色面积占全叶面积20%及其以上的叶片称为杂色叶。现行烤烟国家标准依据部位分为中下部杂色组（CXK）和上部杂色组（BK）。

国标中有些条款规定：对于杂色面积未超过20%，但杂色与残伤之和超过相应部位、基本色组的最低等级残伤控制要求的烟叶，按相应部位杂色定级。

（三）完熟叶组

完熟叶组产生在上二棚以上位置（包括上二棚），烟叶达到高度或充分成熟。烟叶油分稍有，烟叶质地干燥，手摸有干燥感，叶面皱褶，颗粒多，有成熟的斑点，叶色深。这种烟叶闻起来有明显的香甜味，手摇可听到干燥的嘶嘶声。

（四）光滑叶组

光滑的定义：光滑是指烟叶组织平滑或僵硬。

光滑叶定义：任何光滑面积占全叶20%以上的烟叶均称光滑叶。

光滑叶产生原因及其质量特征见表4-3。

表4-3 光滑叶产生原因及其质量特征

现象	产生部位	产生原因	质量特征
平滑	多产生于下部	营养不足	香气量少、吸食浓度小
僵硬	多产生于上部	内含物质转化不够	香气量少、杂气重、刺激性大、余味不协调

五、烤烟分级

（一）分级因素

（1）烟叶分级。将同一组内的烟叶按其质量的优劣划分等级。现行烤烟国家分级标准将烟叶分为42个等级。烟叶分级的依据是分级因素。

（2）分级因素。用以衡量烟叶等级的外观因素叫分级因素（品级因素）。分级因素有7个：成熟度、叶片结构、身份、油分、色度、长度、残伤。

①品质因素。反映烟叶内在质量的外观因素，如成熟度、身份、结构、油分、色度、叶片长度等。

②控制因素。影响烟叶内在质量的外观因素，如残伤、杂色、破损等。

（二）分级因素分述

（1）成熟度。指调制后烟叶的成熟程度（包括田间和调制成熟度）。分为完熟、成熟、尚熟、欠熟、假熟5个程度档次。

①完熟。部分烟叶在田间及调制后达到高度成熟。其外观特征是叶片疏松、油分少、叶质较干燥、叶面皱叠、颗粒多，多为橘黄色和红棕色烟叶，并有明显的成熟斑，常带有赤星病斑或焦尖、煳边，闻香突出。

眼看：多产生于上二棚叶及顶叶；油分较少，有明显的成熟斑、赤星病斑，有焦边焦点现象。多橘黄色或红棕色，光亮度稍差。手触感觉：手持有轻飘的感觉，手触叶片有皱缩感，并稍有棘手感；身份中等，叶片结构呈疏松状态。鼻闻：有明显的香甜味。

②成熟。烟叶在田间及调制后均达到充分成熟。其外观特征是具备黄色烟叶的基本色，结构疏松，叶面叶背颜色相似，叶背脉相明显，叶面皱褶，弹性好，色泽饱和，光泽强，不易黏结，无虚飘感。眼看：具备黄色烟叶的基本色。没有任何的含青或明显的挂灰和蒸片类杂色，没有大面积光滑，色度无异常，有些中上部叶片带有成熟斑。手触感觉：叶面有皱缩感，叶片结构无紧实感、无虚飘感。即符合所属部位的特征。

③尚熟。烟叶在田间只达到生理成熟，也就是刚熟或者因烘烤调制失当而不够成熟。其外观特征是颜色浅，可能带有青筋，叶片结构稍密，有韧性，弹性差，略有平滑部分，光泽中等，有分量。眼看：黄片青筋，或程度较轻的浮青，或较明显的挂灰和蒸片等杂色，或颜色偏浅淡，光泽中等。手触感觉：有分量，有韧性，弹性略差，略有平滑部分。注意：叶面上带浮青色较重的烟叶，在叶片结构、身份、色度等方面不符合其部位特征的异常烟叶，不能视为尚熟叶。

④欠熟。烟叶在田间未达到成熟或调制失误。其外观特征是多带青色，弹性差，色泽弱，结构紧密，无孔度，有硬实或光滑感，多为青黄烟和光滑叶。眼看：叶面较大程度含青，或较大面积的光滑，或严重的挂灰和蒸片等。手触感觉：弹性差，组织紧密，有硬实感或光滑感。

⑤假熟。烟叶在田间未达到真正成熟，其外观特征是相似成熟。这类烟叶，颜色浅淡，油分少，弹性差，不具备成熟叶的质量特征，多指光照不足，营养不良，常处饥饿状态的脚叶烟。眼看：呈现基本色，但色泽暗淡，色度淡，有枯燥感。手触感觉：叶片薄，有松弛感，弹性差。

（2）叶片结构。叶片结构是指烟叶细胞排列的疏密程度，以孔度表示。分为疏松、尚疏松、稍密、紧密4个程度档次。

①疏松。正常发育成熟的中下部叶及完熟叶，细胞排列间隙大，松弛程度高。具备了成熟叶片的外观特征，韧性和弹性好，色泽饱满，人工加压不会使烟叶黏结。眼看：中、下部叶，叶片具有基本色，或轻微青色和杂色，叶面有颗粒状。手触感觉：有皱缩感及松弛感。

②尚疏松。正常发育成熟的上部叶或尚熟的中下部叶，细胞排列间隙尚大，松弛程度尚高。眼看：上二棚叶，成熟充分，叶片具有基本色，色度浓，表观油润，光亮度好。面积较大的中下杂色（CX2K）和面积较小的青色（GY1）。手触感觉：叶片稍厚，有皱缩感，韧性及弹性好。

③稍密。正常发育成熟的上部叶或尚熟、欠熟的中下部叶，细胞排列间隙较小。眼看：上部烟叶，叶片具有基本色，或微青色，油润感及光亮度一般。手触感觉：叶片较厚，皱缩感较差，稍有平滑感。

④紧密。上部叶，细胞间隙小，排列致密，韧性尚好。眼看：欠熟烟叶或上部顶叶。

光泽暗，烟叶较大面积光滑组织或杂色组织或含青。手触感觉：叶片有紧实感、光滑感。

（3）身份。身份是指烟叶细胞密度和单位叶面积重量的综合状态，以厚度表示。分为薄、稍薄、中等、稍厚、厚5个程度档次。

以手感进行识别，根据烟叶的5个小部位来衡量身份的各个档次比较适宜。需要注意的是身份，并非单纯的物理量度。还包含有密度和单位面积重量。比如上部叶厚，细胞排列密，手摸有硬实感并稍有平滑感。中部叶厚薄适中，但较上部叶厚薄程度差距不大。单从物理量度考虑，不一定比上部薄，但它细胞排列间隙大，有孔度，手摸有疏松感。在遇特殊情况下，脚叶可能会厚，顶叶可能会薄，应灵活掌握。

（4）油分。油分是指烟叶组织细胞内含有的一种柔软液体或半液体物质，在烟叶外观上反映为油润、丰满、枯燥的程度。分为多、有、稍有、少4个程度档次。

①多。富油分，表观油润，表面有油性反映，烟叶韧性强、弹性好，手握松开后恢复能力强，耐撕裂力强。眼看：成熟好，叶表面油润发亮，光泽感强，颜色饱满，常常有较多的成熟斑。手触感觉：有滑腻感，韧性强，弹性好，手握烟叶松开后，恢复能力强。

注意：油分多的烟叶同水分大的烟叶的区别。油分多的烟叶光亮度好，有滑腻感，手触烟叶没有痕迹。水分大的烟叶光亮度差，手触烟叶有明显痕迹。

②有。尚有油分，表观有油润感，韧性、弹性较好，耐撕裂力尚好，表面尚有油性反映。眼看：烟叶成长发育较好，叶表面有一定油性反映；有一定的亮度，但光泽感不太强，颜色饱满度稍欠，成熟斑点较少。手触感觉：有油润感，叶片有韧性，弹性较好。

③稍有。较少油分，表观尚有油润感，尚有一定韧性和弹性，尚有撕裂力，叶表面油性反映不太显露。眼看：叶表面有油性反映不太显露；光亮度差，光泽稍暗，稍有枯燥感。手触感觉：叶表尚有油润感，韧性及弹性稍差，稍有棘手及粗糙感觉，手触叶片有响声。

④少。缺乏油分，表观无油润感，韧性、弹性差，耐撕裂力差，无油性反映。眼看：烟叶生长发育不好，假熟或欠熟，无油性反映，光泽暗淡。手触感觉：韧性及弹性差，无油润感；手触叶片有刺手或粗松或粗糙感觉。

（5）色度。色度是指烟叶表面颜色的均匀程度、饱和程度和光泽强度。分为浓、强、中、弱、淡5个程度档次。

色度是烟叶色素状态的综合概念，需要综合三方面因素来衡量色度。

均匀程度：指烟叶表面颜色均匀一致的状态；色素分布的均匀与否。

饱和程度：颜色的浓淡状态；单位体积烟叶色素量的多少。

光泽强度：视觉对颜色强弱状态的反映；颜色的鲜亮程度。

①浓。表面颜色均匀、饱满、视觉色彩反映强。眼看：成熟充分，成熟斑点多；叶表面有油性反映，颜色均匀、饱满、光泽强。手触感觉：烟叶表面油润，有滑腻感，并带有颗粒状，油分多；叶片呈疏松或尚疏松状态。色度“浓”不等于颜色深，除要求颜色均匀

外，主要是色素饱满，光泽强。

②强。表面颜色均匀、饱和度尚饱满、视觉色彩反映较强。眼看：成熟比较好，叶面有油性反映，叶面颜色均匀、尚饱满、光泽较强。成熟斑点较“浓”少，叶面较鲜净。手触感觉：有油润感，有韧性，弹性较好。“浓”同“强”的区别主要在于颜色的饱满度和鲜暗程度。

③中。表面颜色尚均匀、饱和度与视觉色彩反映一般。眼看：烟叶表面颜色稍有不匀、不够饱满、光泽度一般。手触感觉：尚有油润感，韧性和弹性一般。

④弱。表面颜色不均匀、饱和度差、视觉色彩反映较弱。眼看：叶片生长发育不太好，烟叶表面颜色不匀、饱和度差、光泽较暗。手触感觉：有粗松、棘手或硬实紧密感，弹性和韧性较差。

注意：“中”同“弱”的区别主要在于油分的含量多少及色彩的鲜艳程度。

⑤淡。表面颜色不均匀、极不饱和，色泽淡，视觉色彩反映弱。眼看：叶片生长发育不良，呈假熟状态；颜色浅淡不匀，色泽暗淡，无油性反映。手触感觉：有松弛或平滑感，韧性和弹性差，无油润感。

色度来源于烟叶中的主要化学成分、挥发油和树脂。若烟叶叶面挥发油和树脂多，调制后烟叶光泽好，色度就强；反之，叶表面挥发油、树脂少，调制后烟叶光泽暗，色度就弱。

色度的强弱与油分状态密切相关，油分多的烟叶色泽饱和，视觉色彩反映强，色度就浓；油分少的烟叶光泽暗，色度弱。

（6）长度。长度是指叶片主脉基部至叶尖的直线度量，即调制后未去梗的烟叶从主脉底端至叶尖顶端的距离，单位厘米（cm）。对由于某些原因失去了叶尖的烟叶，则以其主脉基部沿主脉方向的实有长度计量。国标将烟叶长度划分为大于或等于45 cm、40 cm、35 cm、30 cm、25 cm共5个档次，以5 cm为递进梯度。

（7）残伤。残伤为可控制因素，是指烟叶组织受到破坏（病斑、焦枯），失去成丝强度和坚实性，或杂色透过叶背，使烟叶组织受到破坏，基本无使用价值，包括由于成熟度的提高而出现的病斑、焦尖和焦边，以百分数（%）表示。残伤在分级中的运用是根据等级高低，予以不同百分比控制，不高于某一允许度，其范围是10%～35%，变幅为5%。

残伤的识别：

①病斑的识别。一种是烟叶表面呈现的黑色圆点，正面呈黑褐色，反面呈棕褐色；另一种是烟叶表面呈现的小白色圆点，烟叶正反面均呈白色。

②枯焦的识别。叶表面呈现的一种不规则的焦边、焦点、焦块，正反面均呈黑褐色，用手一触即碎。

③其他残伤识别。掌握原则不能成丝。

烟叶残伤和杂色的区别如表4-4所示。

表4-4 烟叶残伤和杂色的区别

项目	残伤	杂色
质量	低下	好于残伤
物理性质	不能成丝	可以成丝
加工过程	不能进入卷烟	可以进入卷烟
结果	对卷烟影响不大	对卷烟影响大
结论	允许在正组定级	单列组别

（三）烤烟等级设置和应用

1. 等级代号与设置

（1）等级代号。等级代号由1～3个英文字母及阿拉伯数字组成。英文字母表示部位、颜色及其他与总体质量有关的特征。阿拉伯数字表示品质，用1、2、3、4分别表示一级、二级、三级、四级。

等级代号书写一般是部位+品质+颜色，如C1F、X1F、B1F等，特殊等级的代号书写如光滑一级、二级分别表示S1、S2；青黄色一级、二级分别用GY1、GY2表示。

（2）等级设置。现行烤烟国家标准共设置42个等级，正组29个等级，副组13个等级（表4-5）。正组烟叶等级品质规定见表4-6；副组烟叶等级品质规定见表4-7。

表4-5 烤烟等级划分

组别	正组								副组				
	XL	XF	CL	CF	BL	BF	BR	H	CXK	BK	S	GY	V
等级设置	X1L	X1F	C1L	C1F	B1L	B1F	B1R	H1F	CX1K	B1K	S1	GY1	X2V
	X2L	X2F	C2L	C2F	B2L	B2F	B2R	H2F	CX2K	B2K	S2	GY2	C3V
	X3L	X3F	C3L	C3F	B3L	B3F	B3R			B3K			B2V
	X4L	X4F	C4L	C4F	B4L	B4F							B3V

表4-6 正组烟叶等级品质规定

项目	组别	级别	代号	成熟度	结构	身份	油分	色度	长度/cm	残伤/%
下部叶（X）	柠檬黄色（L）	1	X1L	成熟	疏松	稍薄	有	强	40	15
		2	X2L	成熟	疏松	薄	稍有	中	35	25
		3	X3L	成熟	疏松	薄	稍有	弱	30	30
		4	X4L	假熟	疏松	薄	少	淡	25	35

（续表）

项目	组别	级别	代号	成熟度	结构	身份	油分	色度	长度/cm	残伤/%
下部叶（X）	橘黄色（F）	1	X1F	成熟	疏松	稍薄	有	强	40	15
		2	X2F	成熟	疏松	稍薄	稍有	中	35	25
		3	X3F	成熟	疏松	稍薄	稍有	弱	30	30
		4	X4F	假熟	疏松	薄	少	淡	25	35
中部叶（C）	柠檬黄色（L）	1	C1L	成熟	疏松	中等	多	浓	45	10
		2	C2L	成熟	疏松	中等	有	强	40	15
		3	C3L	成熟	疏松	稍薄	有	中	35	25
		4	C4L	成熟	疏松	稍薄	稍有	中	35	30
	橘黄色（F）	1	C1F	成熟	疏松	中等	多	浓	45	10
		2	C2F	成熟	疏松	中等	有	强	40	15
		3	C3F	成熟	疏松	中等	有	中	35	25
		4	C4F	成熟	疏松	稍薄	稍有	中	35	30
上部叶（B）	柠檬黄色（L）	1	B1L	成熟	尚疏松	中等	多	浓	45	15
		2	B2L	成熟	稍密	中等	有	强	40	20
		3	B3L	成熟	稍密	中等	稍有	中	35	30
		4	B4L	成熟	紧密	稍厚	稍有	弱	30	35
	橘黄色（F）	1	B1F	成熟	尚疏松	稍厚	多	浓	45	15
		2	B2F	成熟	尚疏松	稍厚	有	强	40	20
		3	B3F	成熟	稍密	稍厚	有	中	35	30
		4	B4F	成熟	稍密	厚	稍有	弱	30	35
	红棕色（R）	1	B1R	成熟	尚疏松	稍厚	有	浓	45	15
		2	B2R	成熟	稍密	稍厚	有	强	40	25
		3	B3R	成熟	稍密	厚	稍有	中	35	35
完熟叶（H）		1	H1F	完熟	疏松	中等	稍有	强	40	20
		2	H2F	完熟	疏松	中等	稍有	中	35	35

表4-7　副组烟叶等级品质规定

	组别	级别	代号	成熟度	叶片结构	身份	油分	色度	长度	残伤
杂色	中下部（CX）	1	CX1K	尚熟	疏松	稍薄	有	—	35	20
		2	CX2K	欠熟	尚疏松	薄	少	—	25	25
	上部（B）	1	B1K	尚熟	稍密	稍厚	有	—	35	20
		2	B2K	欠熟	紧密	厚	稍有	—	30	30
		3	B3K	欠熟	紧密	厚	少	—	25	35
光滑叶（S）		1	S1	欠熟	紧密	稍薄、稍厚	有	—	35	10
		2	S2	欠熟	紧密		少	—	30	20

（续表）

	组别	级别	代号	成熟度	叶片结构	身份	油分	色度	长度	残伤
青黄色（GY）		1	GY1	尚熟	尚疏松至稍密	稍薄或稍厚	有	—	35	10
		2	GY2	欠熟	稍密至紧密	稍薄或稍厚	稍有	—	30	20
微带青（V）	下二棚（X）	2	X2V	尚熟	疏松	稍薄	稍有	中	35	15
	中部（C）	3	C3V	尚熟	疏松	中等	有	强	40	10
	上部（B）	2	B2V	尚熟	稍密	稍厚	有	强	40	10
		3	B3V	尚熟	稍密	稍厚	稍有	中	35	10

按大等级的划分如下：

上等烟：C1F、B1F、C2F、C1L、H1F、C3F、B1R、B2R、C2L、B1L、X1F。

中等烟：B2R、H2F、B3F、C3L、C4F、C4L、B2L、X1L、B2V、C3V、B3R、B4F、X2F、X2L、X2V、S1、B3L、B3V、X3F。

下等烟：B1K、X3L、CX1K、S2、B4L、B2K、X4F、GY1、X4L、CX2K、B3K、GY2。

2. 烤烟等级的应用

（1）成熟度。一般，有下列情况之一的，可以判断为不成熟的烟叶：

①含有青色（包括青筋）。

②含有较大面积挂灰或蒸片类杂色的。

③含有较大面积光滑的。

④虽然是黄色但颜色非常浅淡、色度淡的。

⑤正、反面颜色差距大且背面颜色浅淡的。

凡是不成熟的烟叶，都不能在正组定级；在副组定级时，除光滑叶组外，其他副组的最高等级不允许欠熟档次的烟叶。

（2）叶片结构是重要因素。应重点把握下列几点：

①正组中下部所有等级都必须达到“疏松”。

②B1L、B1R、B1F\B2F都必须达到“尚疏松”，特别应该注意对上部橘黄色2级叶片结构的把握，这是和3级的关键区别之一。

③正组除B4L外，不允许紧密的叶片结构。

（3）身份。烟叶身份的把握应注意以下几点：

①中部上等烟的身份必须达到中等档次。

②上部：完熟叶组和柠檬黄色1级、2级、3级烟叶的身份必须达到中等档次。

③正组烟叶除B4F、B3R外，身份不允许厚。

（4）油分。油分是非常重要的品质因素，几乎在所有烟叶组别中都有不同规定。在烟叶油分的把握上应注意：

①C1F、C1L和B1F、B1L要求烟叶油分达到“多”的档次。

②C4L、C4F允许“稍有”档次，这是判定3级和4级的关键因素之一。

③正组中只有X4L、X4F允许“少”的档次。

④副组中所有组别的最高等级必须达到“有”的档次。

应该注意，烟叶油分和水分有区别，而且不同含水量状态下人们感官对烟叶油分感受不同，但许多操作者往往忽视了这一点，或者不能很好把握，在判断水分含量不同的烟叶油分档次时，容易出现误判。

（5）色度。烤烟国家标准中色度的运用最有规律，而且主要用于对正组烟叶的限定，副组烟叶除微带青叶组外，其他各组各等级均无色度要求。由于正组各组中每个等级的色度要求都不同，所以色度往往成为上下相邻判定的主要依据。

（6）残伤。烤烟国家标准中虽然以百分数对残伤允许度做出规定，但实践中，人们还只有依靠视觉判断其面积。

注意：凡是具有成丝能力的，不论是什么病斑或杂色，都不能列入残伤；绝不能将成熟斑或赤星病斑等作为杂色处理。

六、烤烟验收规则及检验规则

（一）烤烟验收规则

验收规则是指对烟叶商品水分、砂土率、纯度允差、扎把等指标的规定。

1. 烟叶水分

烟叶含水的百分比率，又叫含水率或含潮率。

（1）水分对烟叶品质的影响。

适宜的水分含量，能维护烟叶商品安全，保持叶片的完整性，确保烟叶使用价值，并在平衡水分条件下达到自然醇化，增进烟叶品质之目的。

烟叶水分过低，叶片易破碎，不易成包调运，在纯化加工复烤调运中，会增大损耗，利润率降低。

烟叶水分含量过高，不利储存保管，颜色易变暗，甚至霉变而降低或失去应有的使用价值。

（2）烟叶水分的外观检验方法。

烤烟国家标准规定适宜的水分含量指标为16%～18%，并根据不同气候，要求二、三季度掌握在16%～17%，一、四季度掌握在16%～18%，下坑回潮水分要求为14%～15%。

烟叶水分含量在15%以下，叶片干燥，烟筋硬脆易断，手摇烟把有沙沙的响声，叶片易破碎。

烟叶水分含量在16%左右，叶片稍干燥，手折烟筋断一半或有裂印，手摇烟把有响声，叶片稍碎。

烟叶水分含量在17%左右，叶片不易破碎，烟筋稍软不易断，手摇烟把稍有响声。

烟叶水分含量在18%左右，叶片稍潮，烟筋较韧，叶片柔软，手摇烟把响声轻微。

烟叶水分含量在19%以上，叶片潮润，烟筋柔软无立性，手摇烟把无响声。

2. 砂土率

砂土率是指调制后的烟叶自然黏附的尘土重量与叶片重量的百分比。砂土率较重的烟叶不仅影响实际重量，更重要的是影响卷烟产品质量和卷烟工人及吸烟者的健康。烤烟国家标准规定初烤烟砂土率不超过1.1%，复烤叶不超过1%。

砂土率的检验：

（1）感官检验法。用手抖拍烟把无砂土落下，看不见烟叶表面附有砂土即为合格。

（2）重量检验方法。砂土率（%）=砂土重量/样品重量×100。

3. 纯度允差及等级合格率

（1）纯度允差的概念。是指一把（批）烟叶内混有上、下一级的允许程度。纯度允差规定的允许范围是指上、下邻级的总和，不得只低不高或只高不低，不得人为因素有意造成。

（2）纯度允差的指标。上等烟的纯度允差为10%，中等烟为15%，下等烟为20%

（3）等级合格率的概念。符合某等级烟叶质量要求的把数（重量）占被检总把数（重量）的百分比率。

（二）烤烟检验规则

1. 检验规则的定义

检验规则是指检验和确定烟叶等级时所应该遵循的规范原则，是烟叶标准的组成部分，是收购检验、工商交接检验人员必须遵守的原则。

2. 检验规则的内容

（1）定级原则。烤烟成熟度、叶片结构、身份、油分、色度、长度都达到某级规定，残伤不超过某级允许度时，才定为某级。这一原则表明标准中对各级品质因素的规定都是最低档次要求，对控制因素残伤的规定则是最大允许度。对某一等级而言，允许一个或多个品质因素高于该级要求，但不允许任何一个品质因素低于该级要求。

（2）一批烟叶品质因素为B级，其中一个因素低于B级规定，则定C级；一个或多个因素高于B级仍为B级。

（3）最终等级的确定，当重新检验时与已确定的等级不符，则原定级无效。

（4）如果烟叶颜色介于两种颜色界限上，应该视其他品质因素（一般为身份和油分）先定色再定级。一般情况下，同一部位的烟叶，橘黄色要比柠檬黄色烟叶身份偏厚，油分偏多；橘黄色要比红棕色烟叶身份偏薄，油分偏多，按照这一规律，如果是介于柠檬黄色与橘黄色之间身份偏厚，油分偏多的烟叶，则应判定为橘黄色，在同部位橘黄色组内定级，若是身份偏薄，油分偏少的烟叶，则应判定为柠檬黄色，在同部位柠檬黄色组内定级；如果是介于橘黄色与红棕色之间身份偏薄、油分偏多的烟叶，则应判定为橘黄色，在同部位橘黄色组内定级；若是身份偏厚，油分偏少的烟叶，则应判定为红棕色，在红棕色组内定级。

（5）完熟组中H1F颜色为橘黄色，H2F颜色为橘黄色和红棕色。

（6）青片、霜冻、火伤、火熏、异味、霉变、掺杂、水分超限烟叶均为不列级，不予收购。

（7）一批烟叶在两个等级界限上，则定较低等级。该条款是针对某些等级的品质因素介于两种程度档次之间所做的规定。

如某C2F烟叶，成熟度为成熟、叶片结构为疏松、身份为中等、油分为有、长度为40 cm，残伤为15%，但该烟叶色度档次却处在“强”和“中”的界限上，按该条款规定，则应判定为C3F。

又如某上部橘黄色烟叶，其成熟度、叶片结构、身份、长度、残伤允许度均符合B1F规定，但油分、色度这两项品质因素却处于B1F和B2F相应规定的两种程度档次界限上，按本条款规定，则应定为B2F。

（8）中下部杂色一级（CX1K）限于腰叶或下二棚部位的烟叶。列入CX1K的烟叶，除分级因素要符合该级品质规定外，还必须具备腰叶或下二棚的条件，二者必须同时符合规定要求，才可定为该级。

（9）光滑一级（S1）限于腰叶或上、下二棚部位的烟叶。列入S1的烟叶，除分级因素要符合该级品质规定外，还必须具备腰叶或上、下二棚的条件，二者必须同时达到规定要求，才定为该级。

（10）青黄一级（GY1）限于含青二成以下的烟叶，青黄二级（GY2）限于含青三成以下的烟叶。列入青黄一级的烟叶，除分级因素要达到品质规定外，还必须符合含青度的要求，含青度限于二成以下，既包括含青面积在20%以下的烟叶，也包括含青程度在二成以下的烟叶。对青黄二级也同样理解。

（11）中部微带青质量低于C3V的烟叶应列入X2V定级。属于微带青范畴的中部烟叶，若某一品质因素低于C3V的品质规定，则应根据其质量状况确定是否归入X2V定级，并非必须定为X2V。如一批中部微带青烟叶，经检验，油分档次为“稍有”故不符合C3V油分规定“有”的要求，此烟则可定为X2V。若是该批烟叶油分档次为“少”，既不符合C3V油分档次要求，也不符合X2V的油分档次要求，那么就不能定为X2V，只能列入级外烟。

（12）中部叶短于35 cm者，在下部叶组定级。也就是说，中部叶短于35 cm的，在下部叶组定级时，应根据其他品质因素在相应级别定级，不能仅从长度一项考虑。

（13）杂色面积小于20%的烟叶，允许在正组内定级，但杂色面积与残伤面积相加之和不得超过相应等级的残伤允许度，超过者定下一级；如果杂色与残伤面积相加之和大于该组最低等级残伤允许度者，只能在杂色组内适当定级。

有三层含义：一是杂色面积小于20%的烟叶，不作为杂色烟叶处理，可列入正组定级。二是这种烟叶正组定级时，应将烟叶上的杂色与残伤合并计算，所加之和不得超过相应等级残伤允许度。三是对那些虽然杂色面积小于20%，但杂色与残伤相加之和已超出该组最低等级残伤允许度（35%）的烟叶，仍归入杂色组内适当定级。

如某品质为B1F的烟叶，经检验杂色面积为5%、残伤面积为12%，相加之和为17%，已超过B1F残伤允许度之规定，故应定为B2F。

又如某上部橘黄色烟叶，经检验杂色面积为10%，残伤面积为30%，二者相加之和为40%，已超过上部橘黄色组最低等级规定的残伤允许度（35%），则该批烟叶只能在上部杂色叶组内根据质量适当定级。

（14）CX1K、B1K杂色面积不得超过30%，B2K杂色面积不得超过40%，超过者为下一个级。

（15）褪色烟在光滑叶组内适当定级。

（16）对基本色影响不明显的轻度烤红烟在相应部位、颜色组别二级以下定级。

（17）叶片上同时存在光滑与杂色的烟叶在杂色组定级。当叶片上光滑与杂色并存，而光滑与杂色面积分别大于20%时，应作杂色叶对待，在杂色叶组内定级。如果杂色面积小于20%时，则应作光滑叶对待，在光滑叶组内定级。

（18）青黄烟叶片上存在杂色时仍在青黄烟组内按质定级。

当青黄与杂色共存时，不论杂色面积是否超过20%，一律按青黄烟对待，在青黄烟组内定级。

当青黄与光滑共存时，仍按青黄烟处理。也就是说杂色叶组和光滑叶组内不允许存在青黄烟，但青黄烟各级内可容纳杂色或光滑烟叶。杂色或光滑叶片上可允许有微带青存在。

（19）每片烟叶完整度必须达到50%以上，低于50%者列为级外烟。其中上等烟的破损率要求10%以下，中等烟20%以下，下等烟30%以下。

（20）级外烟不包括不列级的烟叶。级外烟可根据用户需要议定收购。该条款表明，对于尚有使用价值的级外烟，将由收购部门根据用户的需求，以销定购，自行决定是否收购。

该条款所称的级外烟不包括不列级的烟叶，如：青片、霜冻、火伤、火熏、异味、霉变、掺杂、水分超限烟等。这类烟叶一律不得收购。

（21）每包（件）内烟叶自然碎片不得超过3%。

第二节　烟叶收购

一、烟站建设

烟站作为烟叶生产收购工作的基层组织，除组织负责烟叶生产与收购外，还承担着物资供应、培训指导、技术服务、基础设施建设及发展现代烟草农业等任务，在烟叶生产收购工作中起到非常关键的基础作用。

烟站设置按照“合理规划，相对集中，方便交售，便于管理”的原则设置，使烟站布局最优，更好地服务烟叶收购工作，服务于区域内广大种烟农户。烟站的设置一般以行政区域为单位，平均收购量在10 000担[①]设置一个烟站，收购量在5 000担以上设置一个烟叶收购点。根据国家局基地单元建设的有关规定，烟站设置以基地单元为单位，一个基地单元设置一个烟站，配套4条左右收购线，每条收购线收购量在10 000担左右。

烟站建设应遵循“设计合理、功能齐全、环境良好、管理高效”原则，按照“统一规划、统一设计、统一区域、统一流程、统一岗位、统一标识”的要求进行建设、改造。规划建设标准较高的烟站一般由收购区、仓储区、办公生活区3部分组成，各区域间自成单元，互相隔离，互不干扰，具备“组织生产、收购烟叶、供应物资、指导培训、技术服务、基础建设”等6项基础功能。

近年来，随着烟叶专业分级散叶收购模式的推广，要求烟站在满足日常收购工作的基础上，兼顾专业化分级，并在烟站内或站外增设散叶专业化分级区，并按收购量大小配备专业化分级场所及设施设备，以满足在散叶收购前的专业化分级活动，实现专业化分级散叶收购一体化或两段式作业模式。

二、专业化分级

（一）专业化分级的概念及意义

专业化分级就是在烟叶收购站（点）烟叶工场等固定场所对烟草种植主体初分后的烟

① 担为非法定计量单位，1担=50 kg。下同。

叶，组织专业化分级人员按照烟叶评级技术要求进行集中专业化分拣，使烟叶的外观质量基本一致，达到交售定级的标准与要求，不扎把收购的方式。一般分为站点内专业化分级收购一体化模式和站点外专业化分级站点收购两段式模式。专业化分级是烟叶收购等级质量及等级纯度控制的重要环节，是烟叶等级合格率形成的重要因素。

（二）专业化分级岗位设置

1. 基本要求

烟叶收购站（点）应科学合理设置相关工作岗位，在人员聘任时宜坚持精减高效、以事定岗、一岗多责的原则。质量主检、质量主评应由县级烟草部门从其在册在岗且具备相应职业资格的人员中聘任，由烟叶收购站（点）管理。分级队长、分级组长、分级员由专业化合作社组织聘任和管理。

2. 岗位设置

每个烟叶收购站（点）设质量主检、仓库保管员、开票员各1名；

每条收购线设初检员、质量主评、司磅员、成件管理员各1名；

每个固定分级场所设专业分级队1个。

（三）专业化分级程序

1. 签订服务协议

烟叶收购站（点）在开展专业分级前宜与专业分级组织签订专业分级服务协议，专业分级组织在提供专业分级服务前应与烟草种植者签订分级服务协议。

协议内容至少应包括：服务对象、服务地点、服务方式、服务价格、费用结算、不合格烟叶处理等。

2. 分级队组建

分级队由分级队长、分级组长、分级员和质管员组成，每个分级队分成若干分级小组，分级组长、分级员、质管员按规定设置（每个分级队设分级队长1名，每3 000担宜设分级组长1名、分级员10名以上、质管员1名）。分级员应经专业分级组织培训合格后挂牌上岗。

3. 分级准备

烟叶收购站（点）应与分级队协同做好分级场地、设施与设备的准备工作，分级队长应根据分级预约统筹安排烟草种植者的分级顺序和对应分级小组，烟叶收购站（点）质量主检应制备分级对照样品。质管员应组织分级员统一分级标准、平衡眼光。

4. 对样分级

每个分级台应设2个分级工位，工位1分级员应将烟叶分出部位、正副组，并对副组烟叶进行分级、装筐，工位2分级员应对正组烟叶进行分级，做到颜色、部位、长短、品质要素基本一致，并分类装筐。

5. 纯度检验

分级组长应对分级员分级后的烟叶进行初验，等级纯度达不到80%的，组织分级员返工；达到80%以上的，应报请质管员检验。质管员应对分级组长报检的烟叶进行检验，筐内烟叶部位和颜色一致、纯度达到80%以上的为合格，并签字确认，进入收购环节；检验不合格的应责令分级小组返工纠偏。

6. 评级

收购站评级员检验等级纯度，合格的依据收购对照样品（图4-6），以筐为单位进行评级。对分级纯度达不到要求的烟叶应退回分级队重新分级，并记录，作为对初检员考核依据，在评级后的烟筐内放置等级标识牌。烟草种植者确认评级结果，认可的进入计量流程，不认可的退回烟草种植者。

图4-6　收购对照样

7. 计量

司磅员核对烟草种植者的身份、合同、烟叶等级和数量等信息，过磅称重，并打印“过磅单”。

8. 开票付款

依据“过磅单”开具支付凭证，通过在线支付电子兑付烟叶收购资金。

9. 原级归堆

过磅入库的烟叶，应以筐为单位按等级归堆，做到烟叶不落地，等级之间宜相互隔离，且显著标识，防止混级，不应将烟叶直接运至打包机旁，防止混级打包。

10. 打包成件

打包成件按照50 kg的净重原级打包，当天收购烟叶应全部打包成件，库存单等级散烟不应超过50 kg。成件规格、包装材料、烟包标志应按《烤烟》（GB 2635—1992）规定执行。

（四）专业化分级场所设置

专业化分级场所一般设在烟站内，场所应布局合理，符合专业化分级流程需要（图4-7），要求经济实用和便于管理且能满足烟叶分级的数量效能。烟站外的专业化分级场所选址应在烟叶产区中心附近，交通方便，地势较高，卫生条件良好，同时应远离油库和有污染厂矿企业等不利因素的影响。

图4-7　专业化分级场所

专业分级场所环境颜色以中性色为主，周边无干扰颜色。分级操作区域地板水平、光滑。同时应具备良好的自然采光，屋顶采光窗户注意朝向，要避免耀光直射，配备标准的辅助光源。

（五）收购场所

收购场所环境颜色以中性色为主，地板水平、光滑，墙壁颜色为白色或灰白色。收购场所应按照行业要求设置候烟区、烟农休息区、评级司磅区、成包仓储区。各区域需配备视频监控等必要的设施设备，且要标识清楚。评级区域必须配备标准的辅助光源。收购质量检查见图4–8。

图4–8　收购质量检查

三、精准收购

（一）精准收购的原则和意义

烟叶收购是指烟叶收购单位对烟农交售的烟叶，按照国家规定的收购价格和烟叶国家标准进行等级检验并结算的过程。精准收购是指在将无线射频识别（RFID）技术应用到烟叶收购工作过程中，从而实现烟叶质量的可视化管理和质量追溯。烟叶收购站借助RFID手持机进行烟叶精准化收购，优化了专分散收流程、节约了人力成本、提高了烟叶等级纯度和质量，让烟农卖烟更轻松。同时也实现了对烟叶收购全程的实时、可视化信息的采集、传递和处理，实现了全程同步反应和痕迹化管理，进一步提高了烟草公司管理、指导、协调、监控和运行管理水平。

（二）精准收购的流程

目前，全国主要产区普遍采用编码收购，就是对烟农交售的烟叶按批次编码后，送入封闭评级室精准评定烟叶等级，避免评级员直接与烟农接触，减少干扰，确保烟叶评级准确性。精准收购基本流程主要包括烟叶初分、精准预约、人脸识别系统排号和叫号、专业化分级、数据录入、评定等级、解码司磅、货款结算、入库堆垛、成件打码、扫码出库等环节。具体流程及要求如下：

1. 烟叶初分

烟叶初分是指烟农对调制后的烟叶进行初分级。具体要求为：烟农先将初分场地清扫干净，并在地上垫一层薄膜，以免污染烟叶。然后将烤后回潮适宜（手握烟叶稍有响声，烟筋稍软不易断）的烟叶从烟竿（烟夹）中取下，同步将同一烟竿（烟夹）中的青杂烟叶分出来，对取下的正组烟叶根据部位、颜色、长短等进行分类打捆并堆放发酵。存放地点选择在遮光、密闭、干燥、清洁的房屋。

2. 精准预约

烟技员或预检员按交售计划在交售前分区域对烟农初分好的烟叶进行质量检查，对符合交售要求的烟叶（无水分超标、无霉变、去青去杂彻底等）发给售烟通知单，精准约定交售时间和数量，对达不到交售要求的烟叶，指导烟农重新分级，验收合格后再次预约交售时间。

3. 人脸识别系统排号

烟农按照预约时间到烟叶站点交烟时，通过精准化电子收购系统，用种植主体合同签订者身份证到排号机进行人脸识别读取信息，由系统打印排号单，等待叫号进行专业化分级。

4. 叫号

烟农持排号单前往派工区，等待排号终端上的叫号，显示屏将显示烟农信息。

5. 专业化分级

专业化分级人员通过系统指定的分级台依照叫号顺序对烟农交售的烟叶进行专业化分级。

6. 数据录入

质管员通过RFID手持机读取烟农的IC卡信息，系统自动调用台班组长信息。通过RFID手持机扫描烟叶筐的RFID电子标签进行登记，录入烟筐烟叶组别信息、质量信息数据并保存。同时，质管员对分拣不合格数据进行退烟扫描登记，烟筐进入返工台。

7. 评定等级

主评员在触摸一体机前扫描带有RFID电子标签的烟筐绑定烟筐烟叶等级，同时对烟叶进行等级判定，评级后的烟叶送入司磅区，对不符合交售质量的烟叶从不合格烟叶退回处退回并做好记录，可作为质管员质量把关工作考核的依据。评级员不得与外界进行通信联系。

8. 解码司磅

经评级的烟叶，司磅员与烟农核对编码，烟农认可烟叶等级后过磅，并告知相应等级和重量。如有疑义，主评员负责做好解释工作，不同意交售的烟叶退还给烟农。

9. 货款结算

烟叶过磅后，付款员核对收购发票与定级单，核对无误后和烟农在收购发票上签名，货款结算采取指定银行以电子结算形式结算。

10. 入库堆垛

过磅后的烟叶，由专人运进散烟库，按等级对号堆垛，把头向外层层堆码，减少其他无关环节，避免燥碎、混级。

11. 成件打码

入库烟叶按等级装箱成件，装箱前根据单等级在烟包赋码机旁扫烟筐IC磁卡，成件打码，以便做到质量可追溯。成件应做到“当日收购，当日成件”“一件一码”，散烟库存单等级不超过50 kg。

12. 扫码出库

烟站当日收购烟叶成件后，只要数量达到运输车辆满载要求，就应立即调运到指定的仓库。烟包出库时，需用手持终端，对烟包码进行逐件扫码出库，做到烟叶质量精准追溯。

第五章

“中棵烟+高油分”关键技术

第一节　中棵烟高油分优质烟叶理念与意义

一、“中棵烟高油分”理念的产生

优质烟叶原料是“136”“345”大品牌高质量发展的“压舱石”。烟草行业在中式卷烟原料、特色烟叶开发、八大香型等方面取得较好成效，但随着卷烟结构的提升，高品质烟叶原料需求越来越高，烟叶结构供给不平衡矛盾更加凸显，主要存在以下问题：

（1）结构方面。中部上等烟叶生产达到极限，上部烟叶可用性不高，成为烟叶原料使用的瓶颈。长期以来，烟叶的等级部位结构矛盾一直是原料供需的难点焦点，上部烟叶成熟度不够、烟碱偏高、杂气较重等缺陷，造成“工业不想要、商业不好销、烟农不好卖”的困局。

（2）质量方面。高等级并非高质量，收购中“两唯”现象普遍，即唯长度论英雄，烟叶片越长等级越高；唯橘黄色烟叶论英雄，但是很多烟叶黄而不香，黄而不油，黄而不软，香不带甜；部分浓香型产区烟叶焦而不甜。

（3）中棵烟提出较早，但是没有明确指标指导生产；烟叶油分是衡量烟叶品质的核心指标，长度是控制指标，但烟叶油分的物质基础和生产理念措施不明。烟叶生产领域的品质变革势在必行。烤烟生产追求优质适产，强调烟叶质量同时力争获得尽可能高的烟叶产量。为解决上述矛盾问题，将中棵烟和油分理念结合起来，第一次系统研究和阐释了中棵烟高油分优质烟叶概念、多维度指标、成分表征和品质内涵，以工业需求为导向的“中棵烟高油分”优质烟叶理念应运而生。

近年来，湖北中烟联合多家中烟，与湖北省烟草公司（恩施土家族苗族自治州、十堰市、襄阳市、宜昌市公司）、湖南、四川、重庆、安徽、河南、贵州、云南、江西、福建、山东等省（市）商业企业探索开发“中棵烟高油分”技术（以下简称中高烟）的“试验田”，为推动烟叶高质量发展提供了新方案。改变原来“以量保质”的数量型发展模式，坚持以供给侧结构性改革为主线，供需两端发力，推进烟叶原料供需由“吃得饱”向“吃得好”转变，助力实现烟叶供需协调、供给升级、产业融合。

二、中棵烟高油分优质烟叶理念和意义

中棵烟高油分烟叶是一种高品质原料特征界定，是解决“136”“345”卷烟大品牌国内高端优质原料“主粮”质量、数量与配方结构升级的重要手段。要求田间有中棵烟长势长相，烤后烟叶具有高油分、高品质特征，表观油润粘手、疏松柔软、均匀鲜亮，叶片身份、大小适中，内在化学成分协调，感官评吸具有香、甜、柔、净特征，在一类卷烟品牌中发挥较重要的主料烟配方作用。

中棵烟高油分烟叶是特色烟重大专项后，卷烟大品牌对优质原料明确的需求理念的新实践。纵观过去20年中国烟叶发展历史，名特优、部分替代进口、以成熟度为中心的烟叶开发、特色烟开发和八大香型划分都是指导国内烤烟原料开发的好理念、好路径，为中式卷烟品牌崛起和“532”品牌发展提供了坚定的原料基础物质保障，发挥了很大作用。“136”卷烟大品牌高质量发展需要国内核心高品质烟叶保障。如黄鹤楼、利群等品牌都崇尚给消费者带来一种淡雅轻松、舒适满足的生理感受和产品体验，要求香气质优雅、香气甜润、烟气柔和、余味舒适，这恰恰是中棵烟高油分烟叶具备的高品质质量特征。中棵烟是优质烟叶长相特征，高油分是烟叶高品质特征，能够保持卷烟的“色、香、味”，能够产生香、甜、柔、净的感官质量特征，是高端卷烟核心原料的需求理念，是大品牌对高端原料比较明确的工业需求，中棵烟高油分烟叶开发有助于缓解行业高质量发展的结构性矛盾，提升卷烟核心原料保障能力。

中棵烟高油分烟叶开发是产区烟叶高质量发展新方向，有利于乡村振兴和农民增收。烤烟油分在烟叶生产上有重大意义。根据统计，我国很多烟区烟叶油分普遍不足。如何将湖北省烟叶油分及其他外观指标恢复到历史高位，怎么采取有效方法从根本上培育“中棵烟高油分”烟叶是工商企业一起急需解决的重大问题之一。

中棵烟高油分烟叶是一种深入推进烟叶产区生产方式转型升级，有效运用产业升级、循环农业助力乡村振兴和烟农增收的烤烟生产新探索，中棵烟高油分烟叶也是利用传统种植模式与现代精准农业相结合的技术探索，强调土壤保育（冬前深翻、绿肥、农家肥、秸秆还田）、增施饼肥和牛粪等农家肥等传统中棵烟和高油分烟叶种植模式，利用一吃两用油菜品种等当季绿肥改良土壤、饼肥增施、秸秆还田等措施提升油分，农业合作社养牛场牛粪生产有机肥改善土壤碳氮比；强调用适宜品种在光、温、水、土适宜要素情况下，绿色防控、土壤碳氮比与平衡施肥、水肥耦合、数字化烤软亮烘烤工艺等生长发育现代代谢调控技术来生产中棵烟高油分烟叶。以现代农业经营体系为方向，着力构建“传统种植、现代农业、规模适度、服务高效、方式绿色、循环增效、产品安全”的烟叶生产新方式，

推进烟叶生产提质增效。

三、中棵烟高油分烟叶质量内涵和关键指标

中棵烟高油分烟叶是指烤后具有油、软、亮特征，身份、大小适中的烟叶，是卷烟高质量发展对优质烟叶需求的一种特征界定，具体表现为：大田烟叶符合中棵烟长势长相，烤后烟叶具有高油分品质特征，外观油润粘手、疏松柔软、均匀鲜亮、身份适中、长度适宜（中部宜55～70 cm），内在化学成分协调，感官评吸具有香、甜、柔、净特征。

油分、柔软度、亮度（光泽强度）（图5-1）是与烤烟内在质量高度相关的外观关键指标，明确“油分”是烟叶质量的第一品质因素，长度是烟叶品质重要控制因素，具有油、软、亮外观品质特征、一定身份和长度烟叶，一定是好烟叶。55～70 cm长度高油分烟叶具有较好的适宜化学成分、高香气、甜感较好、烟气饱满和余味舒适，具有香、甜、柔、净的高油分感官质量最佳特征，超过75 cm的高油分烟叶的化学成分协调性以及感官上的甜感、干燥感、细腻程度、香气纯净程度都会下降。烤后烟叶叶长占烤前烟叶叶长的比例约为90%。由此可以根据烤后烟叶给出大田成熟采烤时烟叶的适宜叶长。

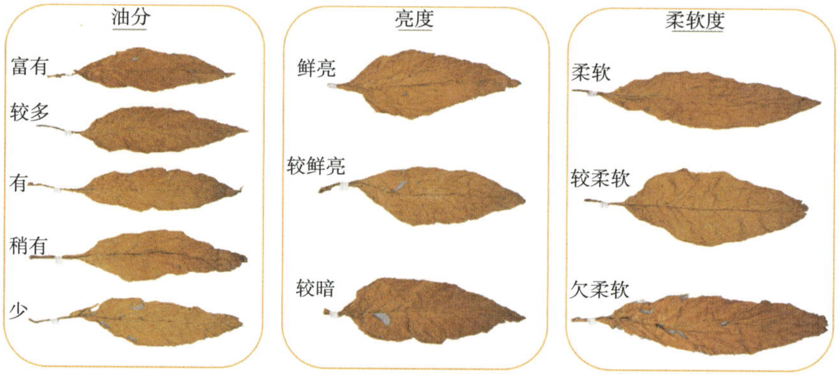

图5-1　烤烟油分、亮度和柔软度

随着油分、柔软度、亮度品质三因素水平的提高，外观质量、化学成分协调性、物理特性、感官质量整体趋好。油分对烟叶外观的成熟度、颜色均匀度、弹性、厚度有显著影响，对化学成分的总糖、还原糖、总氮、两糖差，对物理特性的单位面积重、单叶重、密度、断裂伸长量等都有显著影响。软（柔软度）对烟叶的柔软性、弹性有正向显著影响，对还原糖、两糖比，单叶重、抗张力有显著影响。亮度（光泽强度）对外观质量的颜色、光泽强度、颜色均匀度有正向显著影响；鲜亮的烟叶总糖含量高，烟碱、总氮含量适宜，两糖差较大，糖碱比较低；亮度对单叶重、抗张力有显著影响，且随着档次提升，单叶重和抗张力减小。通过极差分析法明确油分、柔软度、亮度的重要性排序为油分>亮度>柔软度，三指标权重分别为55.08%、24.13%、20.79%。

四、中棵烟长势长相和理想株型

中棵烟长势长相，是烟株在田间成熟期的长势长相状态，是对株型、农艺性状及质量特征的一种界定，是指在烟叶生产适宜的生态区域，按照“调控个体发育、构建合理群体结构，平衡营养状况”的技术原则，围绕密度、氮用量、留叶数三要素，采取适期移栽、合理密植、平衡施肥、促根发育、适高打顶、水肥综合调控等技术措施，使烟株在圆顶期呈现出株型为腰鼓形或筒形，个体体型中等、群体均衡一致、手摸油润、叶片柔软、分层落黄的总状态。

中棵烟实际上属于烤烟理想株型的范畴，且生产上人们普遍把烤烟的“中棵”特征等同于烤烟的理想株型特征。云南烟区最早在20世纪70年代提出中棵烟的概念，并初步总结了“中棵烟”的特点为烟株高度中等，打顶后株高100～110 cm，田间生长整齐一致，烟叶褪色好。冯国忠（1981）①和王伯毅（1981）②均认为培育筒形烟株，其产质关系比较协调。当时的“中棵烟”概念是建立在多叶型烤烟品种栽培基础之上的。改革开放后，随着化肥工业的兴起和化学肥料的大量使用，烟叶单产大幅提高，烤烟品种改良也向提高和改善单叶质量的方向发展。近年来，随着工业库存压力的增大和产区植烟土壤的退化，在产需矛盾进一步加剧的形势下，人们重新把培育中棵烟提到新的高度上来，以期通过工商研学合作缓解当前的原料供需矛盾。

同时，近年来由于大量施用化肥等问题，致使当前许多产区烟叶存在油分差、香气不足、出丝率低、烟叶易破碎等现象，很多烟区存在烟叶油分不足的问题，制约了烟叶在高档卷烟配方中的使用，此外烟叶收购中“长僵硬”叶片越来越多，导致烟叶油分在评级因素中受到越来越多的重视，许多工业企业开始致力于以油分为主要评价标准的烟叶需求。

烤烟不同株型特征与栽培技术的调控作用有密切关系，良好的株型配置对烤烟的生长发育、产量及质量特色形成尤为重要。中棵烟不是品种或烟草类型的名称，而是对烟草田间长相的一种称呼（张崇范，1983）③。从外观上看，中棵烟就是筒形和腰鼓形烟株产出的烟叶，中棵烟高油分烟叶烤后呈现出油（油润）、软（柔软）、亮（颜色鲜亮）的外观特征，身份、大小适中；从内在品质上说，中棵烟钾多氮少，香气量足、香气质好。高油分烟叶，是烟叶油分富有的一种界定。在16%～18%水分情况下，高油分烟叶表观油润粘手、疏松柔软、均匀鲜亮，具体表现为：眼观油润饱满，手摸柔软粘手，富有弹性，颜色均匀，光泽鲜亮，成熟度好。

---

① 冯国忠. 烟草株型结构及其在生产上的意义[J]. 中国烟草，1981（3）：18-24.

② 王伯毅. 关于烟草的株型育种[J]. 贵州农业科学，1981（3）：68-71+33.

③ 张崇范. 怎样栽成中棵烟[J]. 烟草科技，1983（2）：64.

五、中棵烟理想株型及典型区域圆顶期指标

由于烤烟植株生长发育过程中叶片发育失衡，引起生长过程中群体结构叶片部位失调。当烟叶质量低下时，无论是低产还是高产，最主要的一个原因是个体与群体没有得到协调发展。因此为了达到优质适产，必须实现个体和群体的协调发展。

烟株长相是指成熟期的形态、空间排列特征及各性状的互作关系等，如株高、茎围、节距、有效留叶数及叶片大小等（图5-2）。其中，成熟期株高作为烟草农艺性状重要指标之一，在打顶期后定型，直观反映了烟株长相。理想的烟株长相可合理、充分利用空间和光照，促进烟株源库协调生长，烟叶化学成分转化协调，鲜烟叶素质良好，为烘烤打好基础。

湖北宣恩　　湖北保康　　湖北房县

图5-2　湖北宣恩、保康、房县烟株

株型是指烟株地上部分的形态外貌。其中上、中、下叶片大小相近称之为筒形；下部叶片显著大于上部叶片称为塔形；上部叶片显著大于上部叶片称为伞形；中部叶片显著大于上部叶片和下部叶片，且上部叶片和下部叶片接近的株型称为腰鼓形。塔形或伞形烟株烟叶质量不理想，以腰鼓形或筒形为产量和质量俱佳。五大种植区圆顶期烟株群体和个体特征指标范围见表5-1。

表5-1　五大种植区烟株圆顶期烟株理想株型及烟叶生长参考指标范围

烟草种植区	叶位	叶长/cm		叶宽/cm		单叶重/g		有效叶片数/（片/株）		株高/cm		茎围/cm		叶面积系数	
		下限	上限	下限	上限	下限	上限	下限	上限	下限	上限	下限	上限	下限	上限
西南	上部	60	80	20	32	9	18	18	22	90	120	10	12	3.0	3.8
	中部	65	80	25	35	9	16								

（续表）

烟草种植区	叶位	叶长/cm		叶宽/cm		单叶重/g		有效叶片数/（片/株）		株高/cm		茎围/cm		叶面积系数	
		下限	上限	下限	上限	下限	上限	下限	上限	下限	上限	下限	上限	下限	上限
长江中上游	上部	55	80	20	32	9	17	18	20	90	120	8	12	2.8	3.4
	中部	65	80	25	35	8	15								
黄淮	上部	60	80	20	35	9	17	18	22	100	120	9	12	3.2	3.8
	中部	68	80	25	38	8	15								
北方	上部	52	80	20	35	9	17	16	20	90	110	9	11	2.8	3.5
	中部	63	80	25	38	8	15								
东南	上部	55	80	20	32	9	17	16	20	90	120	8	11	2.8	3.2
	中部	65	80	25	35	8	15								

第二节 中棵烟高油分烟叶关键生产技术

一、中棵烟高油分烟叶“12244”生产技术

中棵烟高油分烟叶“12244”生产技术，指回归烟叶质量本真，重塑传统种植方式，集成先进适用技术，融合形成以1个理念（传统种植模式与现代农业相结合）、2个标准（中棵烟长势长相和高油分品质特征）、2大工程（土壤保育和绿色防控）、4项株型培育技术（适度密植、水肥耦合、适高打顶、株型培育）、4项油分提升技术（微生态酝油、有机肥增油、C/N代谢保油、烤软烤香显油）为框架的定向生产技术体系（图5-3）。其中，土壤保育、4项株型培育技术以及微生态酝油、C/N代谢保油、有机肥增油为栽培环节技术，烤软烤香显油为采烤环节技术。

选择优良品种、光温水土生态良好区域、通透性好和肥力中等土壤，采取传统种植（饼肥、农家肥、绿肥冬翻、秸秆还田等）与现代农业（土壤保育、绿色防控、平衡施肥、营养调控、适高打顶、数字化烘烤工艺等）相结合的技术标准体系生产，聚焦“田间中棵烟长势长相、烤后高油分关键品质特征”两个标准，以土壤保育、绿色防控两项绿色生产技术为基础，推进落实适度密栽、水肥耦合、适高打顶、培育中棵烟理想株型等传统

生产技术培育中棵烟，优化集成微生态酝油、有机肥增油、C/N代谢保油、烤软烤香显油等4项技术提升烟叶油分。

图5-3　“12244”生产技术体系

二、中棵烟高油分烟叶分级标准

实施以“油软亮”、长度为中心的三部位八等级优质优价收购模式，较好地实现烟叶外观和内在质量的有机统一（表5-2）。聚焦中棵烟长势长相和“高油分”品质特征，确定把油分、柔软度、光泽度、长度作为中棵烟高油分分级技术标准中的关键品质因素，油分分为富有、有、稍有、少4个档次，中棵烟高油分烟叶油分定义为“有”及以上；柔软度分为柔软、较柔软、欠柔软、硬脆4个档次，中棵烟高油分烟叶柔软度以柔软、较柔软为主；光泽度分为鲜亮、尚鲜亮、欠鲜亮、暗4个档次，中棵烟高油分烟叶光泽度以鲜亮、尚鲜亮为主；改变以“长度论英雄”的惯性思维，中棵烟高油分烟叶长度下限为35 cm，上限为70 cm，其中COH长度要求55 ~ 70 cm，BOH长度要求45 ~ 70 cm。

规范中棵烟高油分烟叶分级、收购、交接工作，明确等级设置、品质规定、定级规则和实物样品要求，突出“油、软、亮”和长度品质因素，充分体现优质优价，优化分级收购流程，推动分级收购由外观质量主导向内在质量主导转变，有力促进烟农增收、企业增效，切实满足工业企业优质原料需求。

依据着生位置划分为X——下部，C——中部，B——上部3个部位。依据部位分为XO、CO、BO3个组。级别从高到低分别用H、M、L表示，下部叶级别最高为M。根据油分、柔软度、光泽度、长度等4个外观品级因素并结合部位将中棵烟高油分烟叶分为8个级，包括COH、COM、COL、BOH、BOM、BOL、XOM、XOL。

表5-2 三部位八等级收购分级品质因素标准

部位	等级	油分	柔软度	光泽度	长度/cm	对应国标等级价格
中部	COH	富有	柔软	鲜亮	55 ~ 70	C1F
	COM	有	柔软	鲜亮	40 ~ 70	C2F
	COL	有	较柔软	尚鲜亮	40 ~ 70	C3F
上部	BOH	富有	较柔软	鲜亮	45 ~ 70	B1F
	BOM	有	较柔软	尚鲜亮	40 ~ 70	B2F
	BOL	有	欠柔软	欠鲜亮	35 ~ 70	B3F
下部	XOM	有	柔软	鲜亮	40 ~ 70	X1F
	XOL	有	较柔软	尚鲜亮	35 ~ 70	X2F

第六章

烟草智慧农业

第一节　金叶医生App使用要点

烟叶病虫害智能识别，拍一拍烟叶病害早知道。“金叶医生”微应用，可通过手机拍照方式进行病虫害识别，并提供病虫害知识库及防治方法，广大烟草种植者可通过“云香慧农服务”微信服务号，点击“金叶医生”进行使用。具体操作步骤如下：

（1）手机微信号：搜索“金叶智诊”，打开金叶智诊App小程序（图6-1）。

图6-1　微信搜索

（2）点击“马上识别病虫害”，进入登录页面（输入手机号与验证码）（图6-2）。

图6-2　登录页面展示

（3）拍照或浏览相册上传照片后，小程序返回识别结果，点开后可查阅简介、发病症状、防治方法等相关资料（图6-3）。

注：受拍摄角度、清晰度影响，识别可信度一般为65%～95%，建议查阅发病症状仔细检查与烟站技术员或相关专家确认后，结合当地实际情况及时采取有效防治措施。

图6-3　识别结果展示

第二节　烟农一体化服务平台功能使用

湖北省一站式烟农服务平台，是湖北省打造业务“一网通办”，需求一键到位，服务一点即应的全新烟农服务平台（图6-4）。平台创新农商协同模式，实现“业务直达”。让信息多跑路，群众少跑腿；在家里“点一点、选一选、刷刷脸”，涉农业务“云上”办理，烟农在家里“一部手机办业务”。

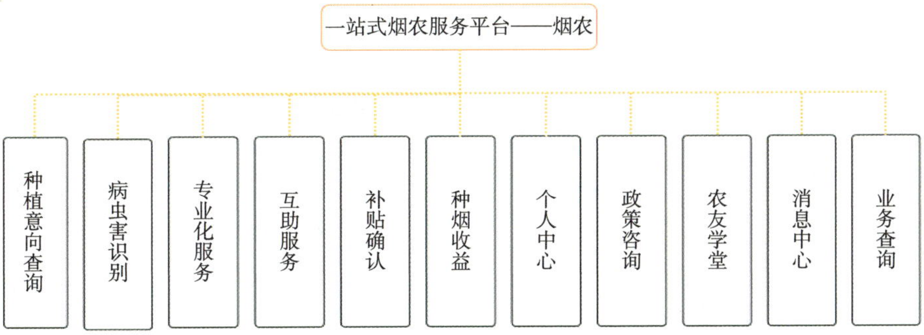

图6-4　烟农一体化服务平台功能模块展示

平台创新技能提升模式，实现“能力直达”。顺应职业烟农培育和基层服务队伍转型的趋势，以提升烟农种植技能、指导农事生产为目标，提供线上培训、病虫害智能识别、气象农事指导、专家咨询多位一体的技术能力培养途径，持续拓宽能力提升渠道。

创新资源配置模式，实现“资源直达”。整合社会资源，聚合各方优势，实现专业服务、农资电商等生产资源要素的线上撮合交易，降低生产资源投入成本。全面赋能促农增收、降本增效，形成惠农生态圈。

服务烟农平台基于微信公众号的方式，为烟农提供在线的业务办理、电子签名、专业化服务申请、政策咨询、种植技术和知识获取等。

服务合作社基于微信公众号方式，为烟草合作社提供专业化服务上架、发布、下架，服务评价、统计，为合作社痕迹化服务、补贴兑现提供依据。

平台为烟草管理端提供线上业务统计、分析、查询、消息推送、平台应用活跃度（多人使用、使用频率），为五层五维考核提供依据；为技术员提供线上的信息查询、消息发布、协助烟农业务代办的功能。

操作要点：

（1）关注公众号。烟农打开微信使用“扫一扫”功能，扫描下方二维码，并关注“湖北金叶”公众号，点击“烟农服务”弹出一站式烟农服务平台界面，如图6-5。

图6-5　关注湖北金叶公众号过程展示

（2）注册登录。点击“我的资料”功能，自动跳转到注册界面，填入个人正确的手机号，点击获取验证码，填入收到的验证码，点击“登录”完成注册（图6-6）。

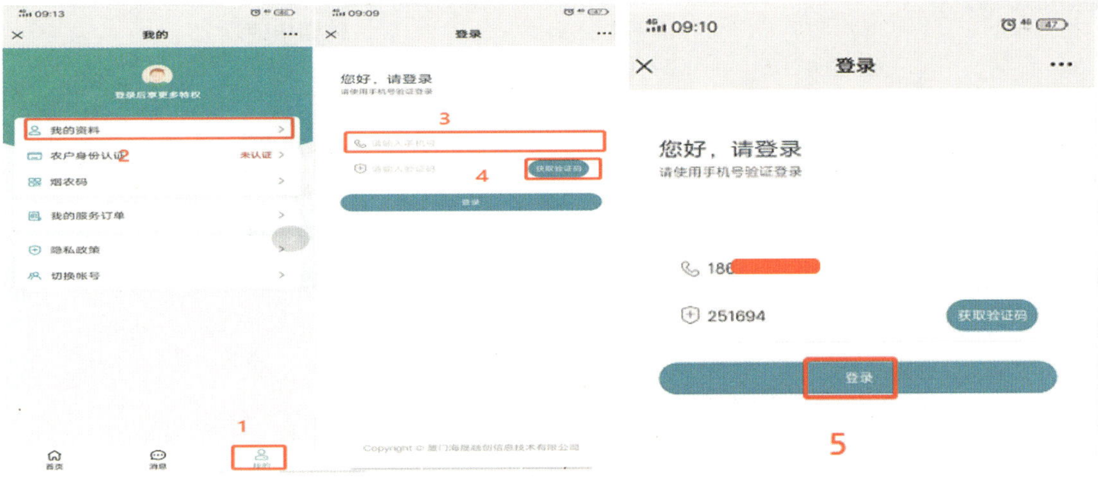

图6–6　注册登录过程展示

（3）实名认证　在“我的”界面，点击“烟农身份认证”，根据提示拍照身份证正面进行个人实名认证。上传完成后，点击“提交验证”，提示验证成功后，返回我的资料界面，显示个人认证信息，如图6–7。

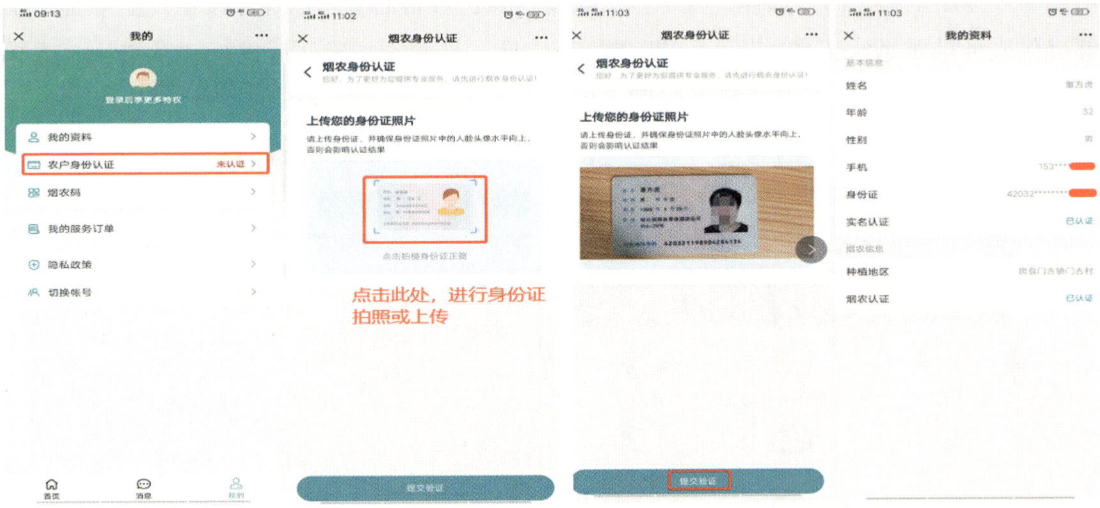

图6–7　实名认证过程展示

（4）种植意向查询。技术员在全国烟叶生产经营管理一体化平台提交烟农种植意向，烟站审核后，系统自动获取审核结果，并通过公众号将结果推送给烟农，如图6–8。

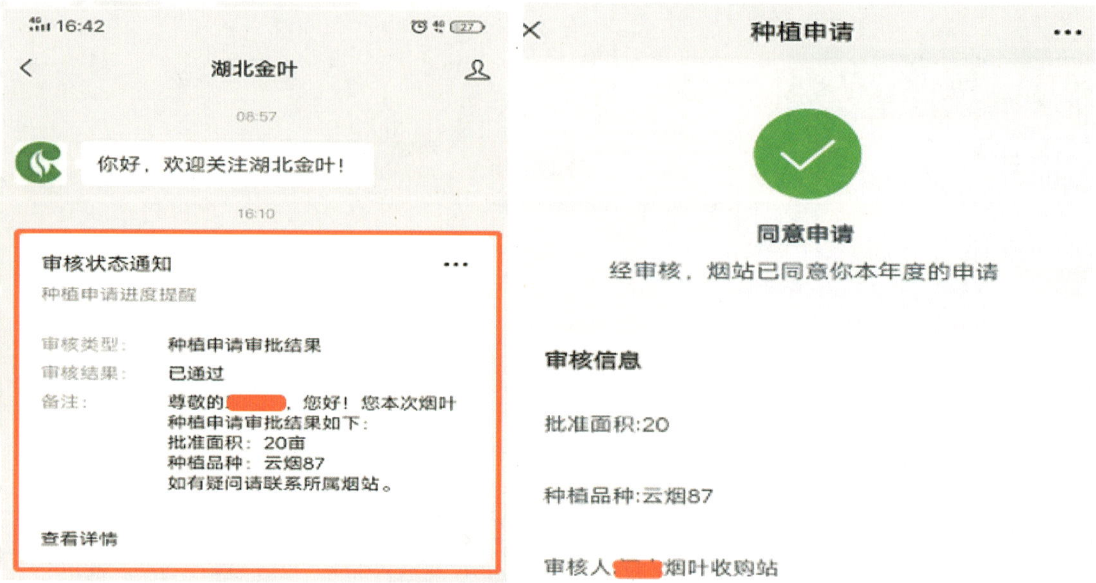

图6-8　种植意向查询功能展示

（5）劳动用工。烟农可以通过“劳动用工”进行“找工作”或“招人”，点击“劳动用工”弹出全部界面，选择“找工作”菜单，点击屏幕右下角的加号按钮，上架自己能够提供服务的类型、工作的区域、期望的时、日、月薪资，确认后进行“发布”，选择“找工作”菜单，点击屏幕右下角如图6-9。

图6–9　劳动用工功能展示

（6）车辆运输。烟农可以通过“车辆运输”进行“叫车”或“拉货”，点击“车辆运输”弹出目前所有的上架的车辆订单界面，选择“拉货”菜单，点击屏幕右下角加号按钮，上架自己能够提供服务的起始区域和结束区域，以及车辆的类型、长度、车号，点击“发布”发布完成后，服务区域内的烟农可以通过手机线上下单，本人可以对服务进行下架或者删除（图6–10）。

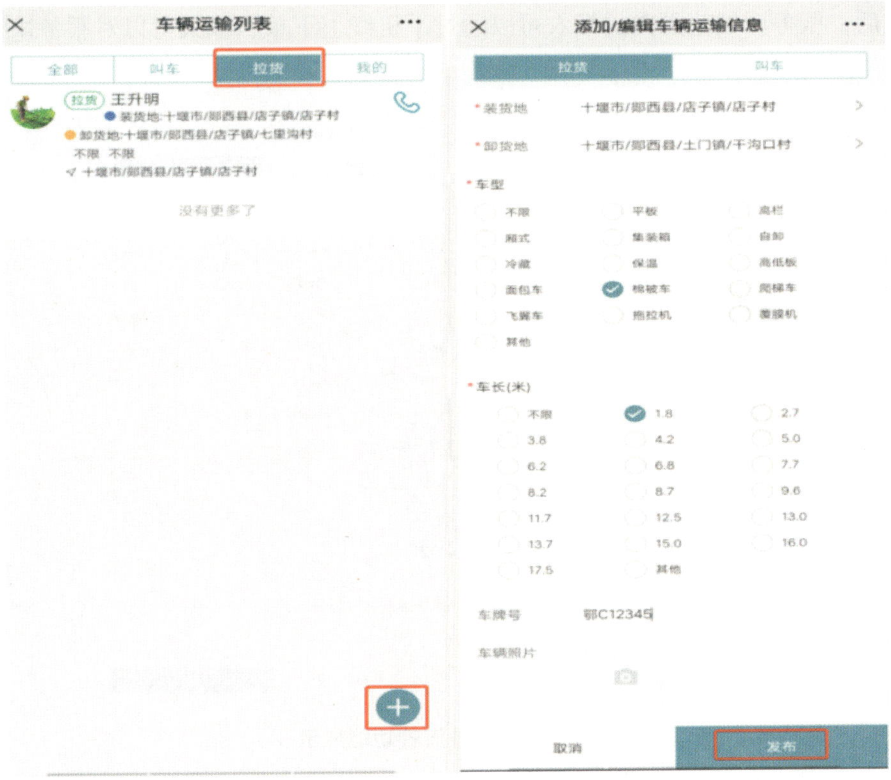

图6–10　车辆运输功能展示

（7）土地流转。烟农可以通过“土地流转”进行“出租”或“找地”，点击“土地流转”弹出目前所有的上架的土地订单界面，选择“出租”菜单，点击屏幕右下角加号按钮，上架自己能够提供土地的地址区域，以及土地的面积、租期、单价等，点击“发布”发布完成后，服务区域范围内的烟农可以通过手机线上下单，本人可以对服务进行下架或者删除（图6–11）。

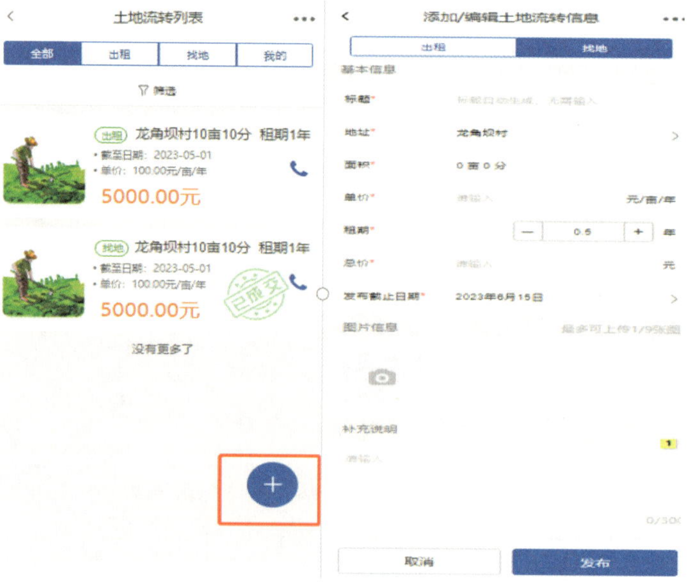

图6–11　土地流转功能展示

（8）一账通。烟农通过烟农服务平台，对年度烟叶交售、物资采购支出、生产补贴等收入情况进行查询，统计年度所有收入和支出情况，汇总年度种烟的整体收益（图6-12）。

图6-12　一账通功能展示

（9）综合查询。烟农通过烟农服务平台，对年种烟业务种植申请、合同签订、物资采购、进行查询，查看年度种烟业务的查询，点击单个业务信息可以查看烟农具体的业务信息（图6-13）。

图6-13　综合查询功能展示

省、市、县技术员及各个层级烟叶从业人员、烟农通过微信公众号“政策资讯”功能对上级发布的资讯进行浏览和查看（图6-14）。

图6-14　政策资讯功能浏览和查看展示

省、市、县技术员及各个层级烟叶从业人员、烟农通过微信公众号“农友学堂”功能对上级发布的资讯进行浏览和查看（图6-15）。

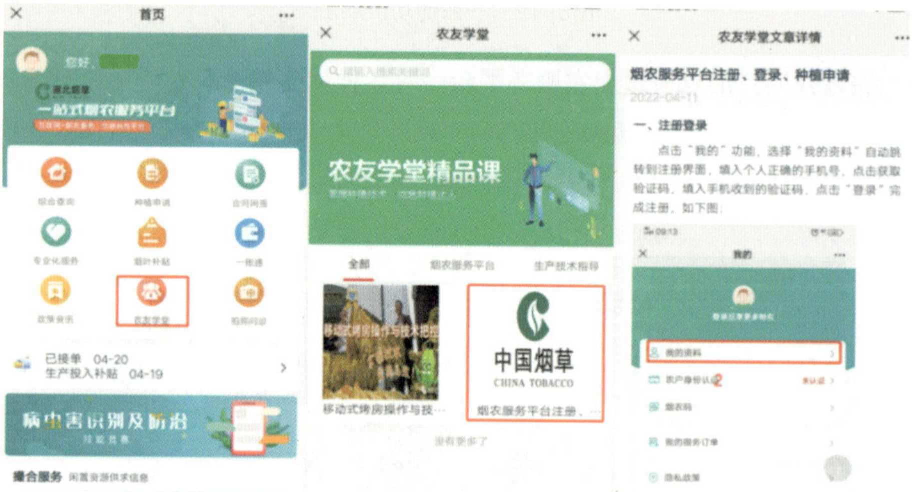

图6-15　农友学堂功能浏览和查看展示

（10）消息管理。消息通过公众号推送给烟农的微信，微信会对未读消息进行提醒，通过点击“详细情况”对消息内容进行查看，需要注意，烟农可以收到种植审批、合同网签、补贴确认、收购收益等一系列的消息推送。

（11）拍照问诊。省、市、县技术员及各个层级烟叶从业人员、烟农通过微信公众号“拍照问诊”功能实施的病虫害拍照识别，了解对应防治方案（图6-16）。

图6–16　拍照问诊界面展示

此外，合作社管理员，打开微信，扫描湖北金叶公众号二维码，关注公众号后，点击“我的”功能，选择“我的资料”自动跳转到注册界面，填入个人正确的手机号，点击获取验证码，填入手机收到的验证码，点击“登录”完成注册，后续操作方法与烟农端类似（图6-17）。

图6-17　合作社管理员注册界面

第七章

优秀职业烟农成功经验分享

恩施土家族苗族自治州　廖毕桃——“铁杆烟花”种烟脱贫的奋斗先锋

46岁的廖毕桃是恩施土家族苗族自治州新塘乡烟草种植圈里有名的“铁杆烟花”。2021年，她种植烟草170余亩，亩产值4 200元，除去各种开支亩纯收入2 000多元，一年可实现利润近40万元。即便近几年遭遇强降雨等恶劣天气，廖毕桃却凭借丰富经验再度丰收。

一直以来，廖毕桃对烟农这个职业情有独钟。2015年，廖毕桃家还是建档立卡贫困户。恰逢恩施土家族苗族自治州烟叶分公司在新塘乡推广白肋烟转烤烟，加上精准脱贫产业扶持政策，她果断将种植规模从20亩白肋烟扩大到约160亩烤烟。此后6年，借助政策红利，她搭乘烟草种植致富快车，在脱贫路上加速前行。

规模扩大后，廖毕桃深知管理的重要性。她总结烟叶种植关键秘诀——“勤”。从育苗到移栽、培管、采烤，每一环节都认真琢磨。育苗时，她精心挑选最好的烟苗移栽，烟田一类苗比例超90%。采烤时，对烟叶成熟度把握精准，160亩烟田，先采收哪块后采收哪块，她总能管理得井井有条。“成熟度很大程度上影响着烟叶品质，只有做好适时采收，才能把烟烤香烤油烤软，还能节约燃料5%左右、缩短烘烤时间8至10小时”。廖毕桃精打细算着生产的每一个环节。

廖毕桃的成功，离不开湖北省烟草公司恩施州分公司的“保姆式”服务。“烟草公司对我的服务可以说是无微不至、有求必应”，廖毕桃的家门口，是恩施州分公司为她配置的10座连体烤房，全部采用生物质颗粒作为燃料，极大地方便了廖毕桃的生产，同时，也大大节约了运输成本。“烤房的投用，每年可节约运费5 000元左右。”廖毕桃开心地说。

“相信烟草、诚信为本”。廖毕桃这名职业烟农一直以来把这句话作为自己的职业信条，这也是她的财富密码。对于烟草公司指导的新技术，她乐于接受，敢于尝试；在生产中，每个环节都做得扎扎实实，特别能够在大家忽视的细节里深挖效益。她深知分级挑选时掺杂使假不可取，诚信经营才能卖出好价钱。

如今，廖毕桃依靠种烟成了致富能手。忙时她招收村民务工，每年工人工资开支近10万元，带动部分村民一同增收。2019—2021年，她种烟收益超100万元，成功摘掉贫困户帽子，她感慨："多亏了烟草产业，让我脱贫致富梦想成真！"

咸丰县　伍勇军——种烟扩规模　技术提效益的追梦人

2015年前，伍勇军与妻子在深圳打工，年收入仅5万~6万元。为照顾家庭并实现家门口致富，他于2015年就近租地种烟，种植面积从最初50亩逐步发展到120亩左右。2019—2021年，他种烟收入不断攀升，近3年种烟纯收入均超20万元，借此在县城购置商品房，添置生产生活用车，组建家庭。

伍勇军在种烟过程中积极探索，成果显著。2020年起，他通过撂荒地复垦解决土地连作问题，依照烟草公司技术要求，开展土壤改良、氮肥控制、膜下"井窖"式移栽、成熟采烤等工作，精心管理，提升烟叶整体水平。

一是依靠政府进行土地流转，持续开展土壤保育打基础。在坪坝营镇政府、村民委员会和烟草站的组织协调下，伍勇军在适宜烟区杨洞村间槽沟集中流转土地，签订5年租赁合同。每年9月种植绿肥，合理施用生石灰调节土壤酸碱度，增施生物有机肥与沼液，改良土壤。2021年，在烟草公司支持下，租赁撂荒地复垦种烟。

二是严格控氮增密措施，坚持以科学采烤技术为核心。当前，"中棵烟"是烟叶生产的核心，施肥、采烤是关键。伍勇军严格按施肥标准与移栽密度种烟，控氮增密，烟叶长势整齐，成熟期分层落黄利于烘烤。采烤期加强工人管理，成熟采收、分类编竿、分层装炕，减少青杂烟。

三是合理烟草移栽季节，"井窖"式小壮苗移栽是关键。种烟几年以来，伍勇军多次尝试解决移栽难点，在烟草部门推广"井窖"式小壮苗移栽技术后彻底解决。他全面实施"井窖"式小壮苗移栽，5月5日全部栽完，9月4日全部烤完，有效规避了不利气候的影响，提高了烟叶烘烤质量。

四是分级预检采烤同步，基本实现了分级进度快，分级纯度好的要求。2024年进入烟叶烘烤以来，伍勇军额外聘请了4名技术良好、动作娴熟的分级工人，对烤后烟叶进行专门分级，通过收购组、预检员的检查指导，伍勇军的烟叶分级纯度比往年有较大提升。

近3年来，伍勇军充分认识到规模效益和质量效益共同发展的好处，在扩大规模的同时，不断提高烟叶生产水平，实现了高效益、高回报。2021年种烟120亩，亩均收入4 663元，除去成本纯收入近30万元，成为种烟致富的典型。

咸丰县 向光祥——以烟为基 多元产业促振兴

向光祥，在外务工多年，因心系家中老人与孩子，毅然辞工返乡，并从父母手中接过烟农的“接力棒”，从烟田筹备、大田管理到烘烤分级，遇到难题就向烟叶技术员请教，或是电话咨询，每个环节都亲力亲为。历经5年钻研，他熟练掌握了烟草生产的关键技术，种植面积常年稳定在80亩左右，烟叶产业成为其家庭脱贫致富的主要支柱，每年除去成本，纯收入超10万元，多次被评为全县优秀烟农，相关创业致富事迹多次被《湖北日报》、东方烟草网、咸丰新闻网等媒体报道。

一是坚持以烟为主，做强烟叶主业。向光祥夫妇原在外打工，父母是老烟农，由于年龄偏大，不适合进行体力劳动。为方便照顾老人小孩，向光祥夫妇辞工返乡。因烟叶价格稳定，决定接过父母的“接力棒”，继续种植烟草。不懂就学，从烟田准备到大田管理再到烘烤分级，不懂之处就请烟草技术员现场指导或通过电话咨询，每一环节都亲自动手，经过5年的学习探索，向光祥对烟叶生产每一环节的关键技术都“了如指掌”，完成了从“不会种”到“种得好”的转变。近年来，种植面积基本稳定在80亩左右，烟叶产业成了其脱贫致富的主产业。

二是发展多元产业，促进烟农增收。在咸丰县烟草专卖局（营销部）的鼓励与支持下，向光祥开启了“烟叶+N”的多元增收模式。烟叶采收结束后，他利用闲置烟田种植芥菜疙瘩，既实现了增收，又进行了烟田轮作，提升土地利用效率。2022年，他种植60亩芥菜疙瘩，因其产量高、市场行情好，亩产值超3 000元。此外，借助忠堡石门坎水源便利的优势，在烟草部门建议下，他发展了10余亩生姜产业。他通过上网查询资料、向行家请教等方式学习种姜技术，2023年，12亩生姜带来了11万元的纯收入。

三是产业融合发展，促进烟区稳定。向光祥常年种植80亩烟草，长期烟叶管理人员数量2个，烟叶生产季节临时性工人15个左右，多元产业的发展，为临时雇工人员提供了再次就业赚钱机会，实现了烟农与工人收入的双增收，稳定了劳动力，为来年烟叶产业发展提供了坚强的劳动力保障。同时多元产业的发展，使得烟田合理轮作，减轻了病害，稳定了烟田面积。通过烟叶与其他产业的融合发展，带动了烟农及周边农户的持续增收和烟田面积的长久稳定，烟区呈现出烟叶与多元产业相互促进、互为保障、良性循环的新局面。

宣恩县 付泽全——三十年种烟路 把事业种在土地上

付泽全自1992年起开始种植烟草，种植规模由小变大，近3年来，年均种植规模一直保持在100亩左右，年收益均在30万元以上，特别是2021年，开荒达到50余亩，种植烟草面积100亩，种烟收入40余万元，成为当地种烟致富带头人。

付泽全阅历丰富，早些年也种过烟，后来做过小生意，也外出打过工。但几年奔波劳碌下来也没赚上多少钱。随着年龄的增长，他觉得外出打工不是长久之计。一直在寻找在当地能发家致富的门路，几经思考他发现种植烟草不但有烟草企业为坚实的后盾、有极强的技术指导服务保障、有稳定的市场价格、有各种烟叶扶持及保险保障来确保收入，不仅资金回笼快，而且效益也可观，从此他就下定决心在家种植烟草。

自从种烟后，付泽全就没了闲，一年从整地开始，育烟苗、移栽，打药、除草、摘烟叶、烤烟，到最后分级卖烟，一项赶着一项，从年头一直忙到年尾。他肯钻研、会经营又勤奋是当地烟农和技术员对他的一致评价。同样是种烟，付泽全种的烟总是身份好，有油分，能评上好等级，卖得上好价钱。他从刚开始种烟靠烟站的技术员手把手指导，以及经过他自己慢慢地摸索总结也获得一些经验，他特别注重技术规范的落实，总是将每一个环节的准备工作提前做好，一个个技术上的问题让他逐一琢磨个透，烟也就越种越好了。

他在烟草种植上有自己独特的一套技术：一是在施肥上，体现“配套”，注重了氮磷钾和各种微量元素的配比施用。二是“规范”起垄移栽，确保起垄高度和株行距控制。三是移栽季节控制上体现“早”，每年5月上旬全部移栽结束。四是大田移栽和田间管理上，做到一个“严”字。五是烟叶采收上，做到一个“适时”。六是烘烤上，做到一个“科学”。七是分级分组上，做到一个“细”字。八是“带茎烘烤”技术，做到应烤尽烤。他特别重视带茎采烤技术的应用，通过技术员的指导，自己对烘烤技术熟练掌握，能够烤出颜色金黄，香气十足，油分适宜的烟叶，外观质量、内在质量都能够达到标准。

别人种烟是为了生计，付泽全则是把种烟当成自己的事业，为了保护烟田生产的可持续性，2021年他开垦荒地50余亩用来轮作。望着自己多年来经营劳作的烟田，付泽全靠着自己的辛勤劳动从中找到了生活的乐趣，实现了自己的人生价值。

宣恩县　田孟情——从打工人到种烟致富的华丽转身

田孟情2011年外出务工，2016年返乡种烟，种烟是全家主要的收入来源，年均种植烟草50亩左右，年均收入20万元以上，2021—2023年种烟收入近80万元，通过种烟，翻修了房子，买了小轿车，同时还积极带动周边百姓共同致富。

晓关乡是湖北省有名的优质烟叶产区，田孟情自小就看着家人在田间地头种植烟草，对烟叶生产流程和标准非常熟悉，但他对烟叶生产却走出了一条“亲切—疏远—亲切”的道路。

2016年，田孟情回到阔别已久的故乡。2017年，抱着试试的态度，他向烟站提出了增加种植计划，将学精技术作为第一个目标。“小田很好学，只要有培训总是第一个到场，随身包包里都带着一个夹着笔的笔记本。只要培训一开始，他就蹲在田坎上，边看边记，技术要领、操作流程如数家珍，这个画面让我记忆犹新，现在田孟情经常与我们一起讨论种植技术。”驻片技术员常说起田孟情，称赞不已。通过不断摸索，田孟情现在对“中棵烟+高油分”“12244”关键技术相当熟悉，时不时还给当地其他烟农宣传种植技术，同时对烘烤工艺和仪表设备非常感兴趣，经常帮助其他烟农设置烘烤工艺参数、调试仪表设备，是一个爱帮忙的小伙。

“种烟最大的窍门就是以精益求效益，这是个工序烦琐的富农产业，但是需要全心投入、虚心改进、用心经营，才能种好、收好、烤好、卖好。”田孟情认真地说道。学精管理是田孟情的第二个目标。从育苗、“三先”、移栽、田管、采烤、分级各个环节精打细算，每有疑问时，就主动向技术员、站长咨询诀窍，如何降低用工成本、过程优化等等，田孟情精打细算，每亩能够节约用工成本200～300元，形成了一套适合自己的管理模式，实现了向管理要质量，从而达到增效益的目标。

田孟情的父亲自小就对他严管厚爱，教导他做人要厚道、有良心、讲诚信。“无论安排的什么事情，小田绝对能够保质保量地完成，这个小伙子为人厚道，讲诚信，是一个非常懂事的孩子，为照顾老人和小孩，这么年轻能在家种烟，真不容易。”晓关乡烟叶收购站副站长竖起大拇指，赞不绝口。

自从种烟后，他整日忙碌于田间，与烟为伴，遇到问题就咨询烟草技术员，不断总结经验。在家人的支持下，在技术员的指导下，田孟情快速成长为一名典型的新生代烟农。别看他才27岁，但是他已经有7年的种烟经验，并成为当地出了名的“铁杆”烟农。

来凤县　曾　兵——从打工仔到烟田追梦人

曾兵是来凤县革勒车镇的一名普通烟农，他的故事是一部奋斗的史诗。2012年，曾兵外出务工，2013年因一次意外失去一根手指，生活的挫折让他毅然返乡，投身烟草种植。从一名打工仔到烟田追梦人，曾兵用汗水和智慧书写了属于自己的精彩篇章。

返乡创业，开启烟草种植之路。返乡后，曾兵刻苦钻研种植技术，取得了较好的收益，逐渐改善家庭条件，成为当地知名职业烟农，还带动贫困农民在家门口务工，共享种烟红利。他积极参加各类培训，2023年报考“高级农技师”，提升自身素养，立志为烟草行业和乡村振兴出力。

顺势而上，探索多元化种植模式。曾兵敏锐地抓住了“国产雪茄烟叶开发与应用”重大专项政策的机遇。2023年，他种植了69亩雪茄烟，同时开展与水稻轮作、烟田套种甘薯及烟后种植蔬菜，实现多元化增收。他深知，只有不断学习和探索，才能在土地上收获更多希望。

探索技术，推动烟稻轮作与病虫害防治。近年来，曾兵重点实践水稻与烟草种植轮作技术。2023年，他在40亩基本烟田轮作水稻，取得了良好的收益，同时也为2024年的烟草种植奠定了基础。在病虫害防治方面，曾兵通过科学轮作、合理施肥、精准灌溉等措施，成功攻克了烟草青枯病及斜纹夜蛾防治等难题，让烟草种植成为真正的“香饽饽”。他对雪茄烟晾制技术的探索也取得了显著成效，实现了亩均5 000元的收入目标。

怀揣“老板梦”的曾兵，2022年领头成立来凤县高山天赐原生态农牧业专业合作社，2023年又与村民合作成立来凤县农惠源种植场。通过整合村里500亩土地，统一规划种植品类、管理模式与产品销售，实现多种作物系统化管理，指导村民科学种烟，收获众多好评。

经过多年打拼，曾兵已成为一名资深的“茄农”，他致力于雪茄烟草种植、烟稻轮作、烟农增收等的探索与实践，并在这方面收获满满。曾兵表示自己还会继续努力，在增加合作社亮点的同时，致力于将更好、更先进的烟草种植技术、烟田增收模式等传播给更广阔的人群。他的故事，激励着更多年轻人回到家乡，用双手书写属于自己的精彩篇章。

枣阳市　姜义勇——十年种烟路　走出星光大道

姜义勇自2013年踏上烟草种植之路，至今已走过10余年。这10余年，他不仅实现了自身发家致富，成为全村的明星烟农、致富专家，还带动村民共同致富，彰显了共产党员的初心使命。十年间，姜义勇坚持规模化种植、集约化经营，种植效益逐年攀升，其发展过程有以下4个显著特点：

一是“稳”，稳中求进，一步一个脚印。2013—2018年，姜义勇处于小户经营的探索阶段，种植面积常年维持在20亩左右，小试牛刀积累经验。2019—2021年，他进入家庭农场经营的发展阶段，种植面积增加到60亩左右，稳中求进，适度规模效益开始显现。2022年至今，姜义勇进入职业化经营的规模种植阶段，种植面积稳步保持在100亩左右，规模化种植效益日益凸显。姜义勇深知，烟草种植是技术活，需不断试验摸索，跟着烟草技术员学习，掌握生产技术与工作重点，一步一个脚印打牢基础，苦心经营，才能实现稳定盈利与发家致富。

二是“细”，管理精细，环环精益求精。烟草种植资金投入大，管理精力要求高，规模化种植更是如此，处处需要雇工，更需细心管理。姜义勇十年如一日，总结出烟叶生产“五关十八环、环环紧相连”的真理。注重每一个细节，在每一个环节上下功夫，精益求精，力求取得好的结果。

三是“舍”，舍得投入，有舍才有得。烟草种植不同于其他作物，需要投入大量时间、精力和资金，不能抱有“靠天收、要照顾”的思想。2022年，枣阳市遭遇极端干旱，姜义勇不惜花费大量资金，在烟草移栽时铺设滴灌设备，日夜守在田间地头补水抗旱，最终当年纯收入达40余万元。2023年雨水多，他又在挖沟排水方面不惜一切代价，深挖沟、排尽水，保障烟叶长势整齐一致，纯收入达35万元。正是这种“舍”，才换来了经济效益的“得”。

四是创新探索，破解难题。面对农村用工成本上升、“用工荒”难题，姜义勇积极探索机械化作业。他联系农机公司，融合机械经验与烟叶技术要求，改进烟用机械，摸索减工降本方法，形成适合平原烟区的“姜式理论”，多类烟用机械应用成效显著。

10多年来，姜义勇种植烟草500余亩，创税40多万元，因贡献突出，多次被太平镇人民政府授予“先进个人”荣誉称号。

保康县　陈山茂——多元产业增收践行者

陈山茂作为县级模范烟农与产业发展勤劳致富带头人，常年种烟约40亩，连续多年被认证为三星级职业烟农。

做强烟叶主业，标准化生产促发展。发家致富有意愿。一家4口人，母亲年老多病，儿子在上大学，全家的主要经济收入都靠夫妻俩辛勤劳作。近年来，依靠烟草种植，让他过上小康生活，这更坚定了他发展烟草产业的决心。

麻坪村作为保康县重点烟区，烟草行业大力投入，兴建育苗大棚、烘烤工场等基础设施，为烟草产业发展筑牢根基，也让陈山茂受益。他主动参加烟站技术培训，虚心向技术人员请教，努力掌握从育苗到醇化保管各环节技术。

在生产中，他严格服从烟站指导。烟田深翻、“三先”措施落实，他抢抓农时；为解决轮作难题，他响应号召，用农家肥、山林腐熟土保育土壤，施肥时主动增施饼肥、有机肥，按要求用微肥；优化烟叶结构，积极处理不适用烟叶，合理留叶；烟叶采烤推广上部叶半斩株带茎技术，预检合格率超95%。近年来，其种烟纯收入每年超10万元，2024年种植了50亩。

做优机耕服务，专业化作业提效益。一是减工降本效率高。借助烟草行业农机农艺融合示范区建设东风，先后购置了大型拖拉机、起垄机、覆膜机、农用运输车等烟用机械，刻苦钻研农机操作、维修、保养技能，成为远近闻名的机耕操作手，通过机械化作业，降低了劳动强度和用工成本，走上了现代烟草农业发展之路。二是专业服务成效好。每年还积极参加合作社组织的机耕服务队，为周边烟农提供烟田深翻冬炕、大田起垄、机械覆膜、中耕培土、烟叶运输等生产环节的专业化服务，服务面积1 000亩以上，纯收入5万元以上。

做精其他产业，多元化经营增收入。一是在不适合机械化耕作的山地，种植核桃5亩，可产优质核桃1 500 kg以上，通过合作社“荆丰”农产品网络微店和知音便民终端进行线上线下销售，收入3万元。二是将自家荒坡地利用起来种植天麻500窖左右，纯收入2万元以上。种植效益明显提升，多元增收渠道更加开阔。

保康县　周全国——精研技术　职业烟农标杆

周全国是保康县普通烟农，自1998年起，他便长年投身烟草种植。2008年后，其烟叶生产水平逐年攀升，种植效益显著提升，规模也不断扩大，烟叶产业成为家庭主要收入来源。2021年，他种植烟草68亩，交售烟叶11 130 kg，上等烟比例达77.69%，实现产值38.3万元。他连续两年被烟草部门聘为农民烘烤师，为村里烟叶烘烤提供技术指导，还连续多年被认证为三星级职业烟农。

在烟草部门的帮扶下，周全国一心钻研烟草种植技术，认准这一致富路。在烟叶生产中，他始终坚持科学种烟。各个环节严格落实烟草部门推广的先进技术，规范管理流程，从均衡施肥到移栽田管、病虫害防治，都虚心向烟站技术人员请教，深知科学种植才能收获高质量烟叶。

为提升烟叶烘烤质量，针对自身短板，他刻苦钻研，与烘烤技术好的师傅交流，守在烤房旁观察学习，积累了丰富经验，烘烤质量大幅提升，赢得认可，得以担任农民烘烤师，带动本村烟叶生产发展。

随着技术提高，周全国把种烟当职业经营。通过土地流转，将种植规模扩大到60亩以上，加入烟叶生产合作社解决用工难题，还自费升级租赁的陈旧烤房，巨大的收益使他成为明星种植户。此外，借助烟草部门支持多元产业发展的契机，利用烟叶生产淡季，同时发展蜜蜂养殖。5年间，规模达50箱，每年增收约5万元。

这些年，在烟草部门的热忱帮助下，广大烟农朋友依托烟叶生产发家致富过上了小康生活，周全国表示自己不能满足于现状，在今后要更加刻苦地钻研学习烟叶生产技术，努力提高自己的烟草种植水平，努力稳定种植规模，坚持科技兴烟的路子不动摇，并借烟草部门职业烟农队伍培育的东风和烟草部门的要求对标对齐，把自己打造成一位合格的优质铁杆职业烟农，并利用自己的一技之长积极参与烟叶专业合作社建设，让专业化服务的覆盖面更广，并积极开展多元化发展的路子，寻找更多增收的支点，把自己锻造成为一位优秀合格的职业烟农。

南漳县 熊 军——“1+N”模式下的职业烟农增收榜样

熊军连续17年投身烟草种植，2021年，他种植40亩烟草，收获0.57万kg，产值达17.7万元，亩均收入4 425元。他还经营着生猪养殖，年出栏40余头，收入约10万元，凭借“烟叶产业+养殖”的“1+N”模式，成为职业烟农增收的典型，连续两年被评为三星级职业烟农。

南漳县长坪镇围绕乡村振兴，构建以烟叶生产为主导、牲畜养殖为辅的特色产业综合体，成立专业合作社。熊军抓住机遇，将大部分田块用于种烟，并流转30余亩土地，稳定了家庭收入来源。

依托主导产业，发挥职业烟农的优势。近年来围绕中央政策大力推进精准脱贫向乡村振兴迈进，南漳县长坪镇坚持建立了“以烟叶产业为第一主导产业，以牲畜养殖为辅增收模式”的特色产业综合体思路。依托烟叶主导产业，成立了泽民烟叶种植专业合作社，长坪镇168户有种烟技术的农户自愿加入合作社，合作社配置50余万元的烟用机械及生物颗粒燃烧机，并对烟叶生产全过程进行跟踪服务。泽民烟叶种植专业合作社将烟叶生产划分为4个服务部，采取务工、土地流转和大户带动等形式进行产业综合体发展模式。熊军正是看到当前的大好发展机遇，将自己的田块除边远的种植玉米用于养殖生猪外，其他全部用于种烟，另外流转土地30余亩种烟，每年都有了较为稳定的家庭收入，成了名副其实的职业烟农。

注重科技引领，争做产业发展带头人。2021年，围绕“中棵烟+高油分”烟叶生产要求，熊军加大有机肥料的投入，饼肥亩平均投入25 kg，有机肥亩平均投入50 kg，为提升烟叶的品质奠定了基础。在生产中只要是有先进的科技设备，熊军就会主动出手，今年起垄覆膜机、机械打药设备、生物颗粒燃烧机等设备在他的烟田都得到了较好的运用，正是由于各项机械设备的推广运用，大大减少了用工投入，增加了他的售烟收入，真正达到了减工降本、提质增效的效果。

积累丰富经验，掌握过硬的技术本领。熊军经过多年的种植经验探索，自己也掌握了一套栽培管理、烘烤技术。他的主要做法：一是烟用物资投入“足”。二是各项技术落实标准“高”。三是各个环节落实“早”。四是成熟采收把控“严”，初分保管突出“精”。

熊军计划扩大规模，种植50亩烟草，养殖50头生猪。目前，烟田已深翻完毕，猪圈也完成翻修。他正满怀信心，朝着新的高质量发展目标大步迈进，向着幸福生活奋力前行，以自身经历为其他烟农树立了增收致富的榜样，生动诠释了“1+N”产业模式的潜力与活力。

房　县　卢厚云——十七载种烟坚守　多元产业的致富引路人

自2006年起，卢厚云投身种烟事业，17年如一日，堪称烟草事业的忠实拥趸。其烟草种植规模从最初的3亩，逐步拓展至如今的45亩，种烟收入撑起了家庭经济的大梁。近3年，他连续获评三星级职业烟农，凭借40亩以上的稳定烤烟种植规模，成为远近闻名的种烟明星。

他爱学习、肯钻研，17年来坚持学习总结种植技术，掌握从育苗到采收调制的过硬技术。他爱农业、善经营，以烟叶为主业，发展养牛、家禽和蜜蜂等多元产业增效益。近3年，他在烟叶外的产业收入5万元以上，是有名的致富能手。他懂宣传、善带动。在他的带动下，八里坡村烟草种植面积稳定在2 000亩以上，综合指标位居全市前列，获当地政府和烟农赞誉。

在实践中磨砺技术。2006年初涉种烟，卢厚云满是疑虑。但秉持“实践出真知”的信念，在烟草技术员指导下，他潜心学习育苗、施肥、管理、烘烤、分级等知识，梳理各环节要点，快速实现从门外汉到行家里手的转变，成功掌握种烟技术。

在平凡中结出硕果。十几年前，打工要不到工钱，种庄稼收入低，而种烟让他尝到甜头。烟草种植面积从3亩发展到40余亩，收入翻了几番。2021—2023年，卢厚云种烟收入分别为20.4万元、24.9万元、26万元，种烟让他家生活大变样，儿子成家、买车、盖楼，日子越过越红火，他感慨“跟着烟叶走，走对走富了”。

在奋斗中成就事业。随烟草政策变化，卢厚云紧跟时代，在坚守烟叶主业同时拓展增收渠道。常年养殖耕牛超3头、家禽70余只、蜜蜂40箱，非烟产业年收入超5万元。2021年综合收入25.5万元，2022年30.4万元，2023年31.5万元，致富之路越走越宽。

多年种烟，卢厚云总结出种好烟的要点：一是“培肥地力”，深耕、冬耕晒垡，多用饼肥、有机肥。二是“动手要早”，各项农事操作赶早不赶晚。三是“田管要严”，施肥、病虫害防治等务必到位。四是“科学烘烤”，依据烟叶情况精准控制温湿度。五是“分级要精”，采用三工位作业法，确保烟叶分级精准，实现效益最大化。

卢厚云在“以烟为主、多元增收”道路上步伐愈发坚定，尽显当代职业烟农风采，他誓言：“有生之年，还跟着烟草干！”

房 县 邓明超——十年种烟 技术与爱心的双丰收

他是门古寺镇的优秀职业烟农。自2012年投身烟草种植，种烟面积从最初的20亩稳步增至如今的85亩，成长为烟叶生产经营的行家，技术与管理能力备受烟草公司认可。他严格遵循技术标准，按时甚至提前完成各环节农事操作，积极推行新技术，熟练掌握并运用。同时，心怀爱心，各生产环节优先雇用附近贫困人员，助其年人均增收超8 000元。

2020年，邓明超种植67亩烟草，前期遭遇严重旱情，后期烘烤又遇雨涝，在烟站组织下积极自救，年底仍交售烟叶4 909.2 kg，收入157 230.57元，上等烟比例72.3%，展现出坚韧与对烟叶产业的坚定信心。2021年，种植85亩烟草，交售11 622.2 kg，收入384 161.74元，上等烟比率75.31%，亩产值达4 519.55元，用勤奋和智慧走在全村致富的前列。在烟叶主业方面，种植规模上保持每年烟草种植面积稳步增长，生产中主要在以下6个方面成效突出：

一是重视烟地备耕。在每年烟叶烘烤结束后就把烟秆连同根部直接挖出，迅速清理出田间，防止烟根残留烟地，在烟地翻炕后种植绿肥，并在第二年进行翻压，做好土壤保育工作。

二是重视育苗管理。在育苗期间，严格按照技术员要求切实将各项先进技术和关键措施落到实处。做好高温或低温天气的温度、湿度、养分管控，有效减少高、低温对烟苗的危害。

三是重视施肥管理。根据上年度的烟叶长势情况，调整肥效配比，根据绘制地力状况图、施肥通知单，精准施肥到位。同时增施有机肥，增加烟田的有机质含量，改善土壤营养成分。烟叶成熟度高，成熟时间合理，给烟叶烘烤打下极佳的基础。

四是注重成本控制。每个生产环节都亲自参与，自己首先做一遍，定工量定标准。并指导工人在正确执行技术标准的前提下，简化操作流程，提高工作效率。

五是会算经济账。特别是在成熟采烤环节，对成熟采烤、鲜烟分类、吊绳编烟等有效方法投入足量的劳动力，确保黄烟率，极大地降低了采烤环节的损失，重点环节舍得投入，回报率高。

六是会用农业政策。无论是烟草公司的补贴政策、“高油分”收购政策，还是地方政府的土地流转政策、产业发展政策。他认真研究思考怎么获取，怎么利用，用好用活助力自身发展。

副业方面，在发展好主业的前提下，积极拓展非烟种植业、养殖业，并积极参与地方茶园、葡萄园建设。2021年副业综合收入3.47万元。

竹山县　蔡化震——从河北到湖北　种烟闯出致富路

2008年，蔡化震从河北来到湖北十堰市开启种烟生涯，10余年来种植规模常年超30亩，连续两年获评三星级职业烟农。2021年，他种植153亩烟草，交售343.035担，收入55.43万元，较上一年增收12.63万元，加上“增收套餐”多赚4.7万元，全年纯收入超35万元。其增收事迹登上央视经济频道《第一时间》，成为烟农增收典范。专职种烟10余年，蔡化震生活巨变，供子女上学、赡养老人之后，在武汉市全款购房，还在河北邯郸市老家新建住房，拥有5台家用及农用车辆，在竹山县烟叶分公司助力下，闯出致富天地。

依托规模化生产，凝聚产业发展动力。初到擂鼓镇，恰逢当地大力推进土地流转，打造烟叶产业集中连片、规模化发展格局。蔡化震果断抓住机遇，第一年便承包30亩烟田，成为首批响应号召的种烟大户。当年大获丰收，售烟收入11万元，这极大坚定了他靠种烟脱贫致富的决心。此后，他逐年扩大种植规模，如今已达153亩。

依托标准化种烟，筑牢产业发展定力。他严格落实标准化种烟，从“门外汉”成长为“种烟能手”“烘烤师傅”。深耕冻垡翻耕深度超35 cm，起垄前二次翻耕；推广膜下小苗移栽、小壮苗早栽，生育期提前；精准打顶，成熟采烤，落实烘烤工艺标准。2021年，其烟叶亩产值达3 890.12元，上等烟比例67.33%，均高于全县平均水平。

依托多元化增收，激发产业发展活力。蔡化震深知单一扩规模不可持续，便开展“烟叶+N”多元增收。利用烟田采烤后空闲期，套种西蓝花等作物，3年450亩烟田综合利用增收7万元；发挥闲置大棚种食用菌，形成主业与多元产业互促格局。

依托机械化种植，厚植产业发展潜力。为减少人力投入，蔡化震不断购置新型烟用设备，现有3台拖拉机、6台小白龙旋耕机、7台打孔器和1台高压喷雾机，满足高效翻耕与机械作业需求。全面推广“梳式烟夹”，相比传统编烟，流程时间从12 h缩短至9 h，既减少用工又降低烟叶损耗。凭借娴熟农机操作技术，他在完成自家烟田翻耕后，还为其他烟农提供深耕冻垡服务，每年由此增收12万元。敢闯敢拼、善于钻研的蔡化震，从30亩小户发展成153亩大户，年均纯收入超30万元，在烟草种植领域不断创造佳绩。

竹山县　王太兵——十三载种烟路　烟农的华丽蝶变

2010年，王太兵踏入烟草种植领域，起初仅20亩地。2017年起，他流转闲置土地，扩大种植面积至55亩。从2019年起，连续四年被烟农专业合作社评为三星级职业烟农，成为合作社理事会成员，变成远近闻名的“种烟大户”。2023年100%完成烟叶收购计划，上等烟率达76.96%。10余年来，在竹山县烟草专卖局（营销部）助力下，王太兵不断突破，在种烟增收路上闯出一片天。

一是狠抓技术推落实。在片区新技术推广方面积极带头实施，落实小壮苗早栽、平衡施肥等关键技术，实现烟叶提质。采用机械化、科学化种植与专业化烘烤、精准化分级，减工降本。主动参加12场次技术培训会，学习先进技术，弥补自身短板，累计参加技术培训会12场次。

二是双重岗位促提升。近几年在烘烤结束后，通过合作社考核，从事了烟叶预检、烟叶收购调度等工作，做到履职尽责、贴心服务，既提高了个人收入，又提高了专业技能水平，为以后如何种烟、如何种好烟打下了坚实基础。

三是帮扶弱者共致富。主动申办片区现场技术培训会，发现问题、分享经验，以点带面引领片区共同进步，全年累计申办召开现场培训会6场次。同时在自身空闲时段，主动上门帮扶困难烟农，带领附近烟农共同致富。

四是科技试验显担当。由于部分烟田常年连作，土壤退化，各类病害时有发生，积极向烟站争取相关科技项目支持，严格按照项目规划、要求、节点，标识标牌管理，做到观察有序，记载真实，记录完整，以前多发的花叶病、根腐病逐年减少，赢得领导的一致好评，也赢得了周围烟农的信任。

五是农机农艺出实招。改造“小白龙”起垄机，使垄体高度增加5 ~ 8 cm，大垄深栽得到有力推广，呈现土壤细碎、垄体饱满的效果；参与研制“井窖破壁封窝器”，不仅省时省力，而且使得烟株根系发达，僵苗现象明显降低，大田均衡度整齐一致。

在十余年的种烟生涯中，他始终坚定信心，以“咬定青山不放松”的韧劲，不断总结经验、推广落实先进适用技术、更新改进符合本地适用的机械设施设备，从一个打工门外汉，逐步发展成一名合格的职业烟农，在致富的康庄大道上阔步前行。

竹溪县　王美辉——种烟致富　养蜂增收乡村振兴典范

王美辉年少时家庭贫困，因生活所迫，16岁那年，他辍学离开了学校，踏上了异乡打工的征程。30岁时，上有老下有小，繁忙的工作让他无暇顾及家人，生活的重担压得他喘不过气，直到2005年，烟叶公司的烟叶产业在他的家乡试种成功。从那时起，他就下决心，一定要通过种植烟草来改变自己的生活。于是，他就跟着专家、技术员勤奋地学习种烟技术和烤烟技术，通过几年的不断学习和总结经验，他熟练地掌握了烟草的种植，集田间管理和烤烟技术于一体，获得了本县“烟叶种植大户”的称号，同时连续7年获得县委、县政府和烟叶公司的表彰和奖励，共计奖金7万元。在他的影响下，家乡的老百姓也

都走上了发展烟叶生产的致富之路

他一直非常感念县委、县政府及烟叶公司的大力支持和帮扶，每当烟叶收购的时候，一片片“黄金叶子”鼓起了烟农的“腰包”，每位烟农脸上都洋溢着灿烂笑容，他是其中最有成就的那位。

在烟叶这一产业中他连续坚持了17年，在这几年大约每年收入就达二十几万元，但他内心感到非常充实与满足。近几年，烟叶公司为帮助烟农增收，开展了一系列补助项目，养中华蜜蜂便是其中之一。他和妻子本就爱好养蜂，抓住机会，他前往四川养蜂学校学习专业技术。回来后，他买了30箱蜜蜂开始养殖，凭借所学知识，蜜蜂数量很快发展到70多箱，经秋繁达到150多箱。当年取蜜550多千克，在亲朋好友帮助下销售一空，收入7万多元。

第二年他养蜜蜂的数量又发展到了200多箱，取蜜1 500多千克，村扶贫工作队省邮公司以120元/kg的价格全部收购，共计19余万元。今年他养殖的蜜蜂发展到350多箱，取了2 000多千克，亲朋好友帮忙销了一部分，余下的由村坝溪味道合作社以120元/kg的价格收购，共收入约24万元。

在这3年里，销售蜂蜜共计4 000多千克，合计收入50万元，扣去成本还剩40余万元的收入，在种烟和养蜂两不误的前提下，他把所有的技术分享给村里所有的烟农，让村民共同成长，共同致富，这也是他人生奋斗的最终目标。

他的蜂蜜养殖现在已有3个大型的天然场所，烟草种植和养殖蜂蜜让他自信倍增，对未来充满了希望。在这两个产业上，一路虽然十分辛苦，但干劲十足，在此他非常感谢县委、县政府和烟叶公司的大力帮扶，愿所有的烟农也越过越好！

竹溪县　魏祖华——十六载种烟路　产业蝶变与帮扶征程

2008年，魏祖华踏上烟草种植之路，初始试种25亩。历经16载拼搏，如今烟草种植规模稳定在70亩左右。自2021年起，连续3年上等烟率超67%，合同履约率达100%，获评三星级职业烟农。他严守烟叶收购合同规范，带头践行关键技术，成长为种烟大户。同时，积极拓展生猪养殖，年出栏300头，净利润约30万元，构建起集养殖、繁育、生产、屠宰于一体的产业体系，有力推动当地养殖产业发展。

推动产业发展的带头人。2008年，泉溪镇号召能人返乡种烟，魏祖华抓住乡亲外出务工契机，开启16年种烟生涯。从最初的25亩起步，一路拓展至70多亩；从亏损到如今年售烟收入超30万；从技术新手蜕变成为乡亲口中的“老魏师傅”。16年来，他始终勇做“第一个吃螃蟹的人”。绿色生产新技术推行时，率先申报烟夹和生物质燃烧机；农机农艺融合试点建设时，带头购置新型农机具；县烟草局推广创新技术，他迅速响应，将自家烟田打造成观摩样板。凭借这些努力，他先后建成10座连体烤房，购入8台农机具，连续3年亩均效益（不含补贴）超4 000元，上等烟率超67%。2023年售烟收入达36.94万元，上等烟率高达78.88%。他还担任专业化服务队队长，开展3.2万亩专业化服务，每亩为烟农节约用工成本540元，带动塘坪村烟草种植规模从2016年的410亩增至2023年的1 108亩，种植户从7户增至26户，规模与效益连续7年稳步增长。

促进烟农致富的领头羊。2019年，竹溪县烟草专卖局推动“以烟为主、多业融合”增收项目，魏祖华积极响应，尝试烟田套种、梭罗果种植与生猪养殖。养猪初期困难重重，他每年赴江苏、安徽等地学习新技术。如今，养殖场扩展至2 100 m^2，猪年出栏300余头，净利润30余万元，成为当地最大生猪养殖个体户。受他带动，塘坪村7户烟农投身生猪养殖，户均规模超50头，户均效益增长超5万元，解决30余名村民就业，探索出塘坪村的乡村振兴路径。

身为党员，魏祖华热心助人。他组建8人互助小组，无偿传授烟草栽培、烘烤、分级技术，分享养猪经验，帮忙解决劳动力和技术难题。在他的帮助下，塘坪村烟叶烘烤水平提升，种烟效益领先周边村落，生猪养殖红火。魏祖华用实际行动诠释新时代职业烟农的责任与担当，带领村民共同致富，逐梦前行。

兴山县　冯祖义——主业辅业双增收　种烟服务两不误

冯祖义种烟长达17年，凭借不懈摸索提升生产水平，不仅自己靠种烟增收致富，还积极带动周边烟农推广适用技术，携手迈向富裕。近3年，冯祖义累计种植118.7亩烟草，售烟收入达55.95万元。年均种植39.57亩，年均交售烟叶5 873.95 kg，年均收入18.65万元，亩均收入4 713.56元。

作为合作社多面手，冯祖义每年机耕服务超500亩。2019年，他考取“农作物植保员”初级资格证与“植保无人机系统操作许可证”，2021年植保服务面积达1 000亩以上。连续9年担任滢水坪烘烤工场管理人，每年服务烟农烘烤超50炕次；连续6年担任分级队员，年均分级200担以上，多次获合作社荣誉表彰，2021年获评“烟叶生产、专业化服务、规范化管理劳动模范”。

降成本、提质量，主业增收成效显著。冯祖义全力推动机械化种植，降低用工成本，积极推广适用技术，提升烟叶质量，稳固烟叶主业增收成果。2019年，率先采用生物质烤房烘烤，每炕烘烤用工减少2个以上；2021年，拿出8亩烟田试点机械化移栽，并带头使用装烟上炕机，装烟环节用工降低0.5个以上。如今，起垄、覆膜等环节全面实现机械化，亩用工量控制在15个工日左右。在提升烟叶质量方面，他主动学习研究，积极接纳烟草部门推荐的技术。2018年推行上部4～6片半斩株采烤，上部叶僵厚长问题显著改善，当年上部叶比例降至21%，较全县低7.98个百分点；2021年试点“中棵烟+高油分”定制化生产，科学施肥、打顶，全面推行生物质烘烤和上部叶半斩株采烤，收购高油分烟叶占比12%，较全县平均高5个百分点。

拓渠道，谋发展，辅业增收成效显著。冯祖义积极拓宽增收路径，创新发展思维，辅业增收成绩斐然。2011年加入兴山县金鹏烟叶综合服务专业合作社后，2012年便成为机耕与植保服务队员，每年机耕服务超500亩。2019年考取相关资格证后，2021年植保服务面积超1 000亩。连续9年担任烘烤工厂管理人及农民烘烤师，为20余户烟农提供技术指导与设备维修；连续6年担任分级服务队员，通过专业化服务，每年额外增收超2万元。同时，他积极开展烟田综合利用，2019年起试点烟后种植菜薹，与合作社签订保底价收购合同，2019—2021年，菜薹种植面积从5亩增至12亩，销售收入逐年递增，且菜薹根茎叶还田，提升了烟田土壤肥力。

冯祖义不仅自己增收，还热心向周边烟农传授植保、烘烤、分级等实操经验，带动大家共同致富，深受当地农户好评，多次荣获县委、县政府表彰，成为全县烟农勤劳致富的典范。

兴山县　严光龙——敢为人先！严光龙的产业融合之路

严光龙，自1997年投身烤烟种植，拥有6座新能源烤房与齐全的现代化机械设备，被村民称为“农机达人”。他自有20亩土地，流转80亩，近3年出色完成烟叶合同产量任务，售烟数量、均价及亩产值均名列前茅，3年创税收超22万元，堪称烟草种植“四增收”楷模。同时，他开办“光龙民宿”，涉足旅游业；担任村级领办合作社农机服务队员，凭技术增收，是“烟文旅融合”等多元增收的典范。

兴山烟“龙”致富经。湖北省兴山县南阳镇烟区龙门河村的严光龙，被当地百姓称作“烟龙”严老大。在烟草技术员指导下，他种植烟草26年，从贫困走向“年薪40万元”，成为“烟叶致富带头人”和民宿老板，是兴山烟草“烟文旅”融合的代表人物与乡村振兴骨干成员。2023年，他种植100亩烟草，交售12 300 kg烟叶，上等烟比例74.23%，烟薯套种60亩产量7.5万kg，产品广受赞誉。

一生钟情烟叶，甘当优秀“生产员”。面对年轻人外出打工、转产转行，严光龙却对烟叶情有独钟。26年来，他从未停止烟草种植，随产业结构和政策调整，将流转土地当“车间”，轮作换茬，按工业需求生产优质烟叶，收入从1997年的2万元增长到如今数十万元，笑称要种到65岁退休，是烟草产业可持续发展的可靠“生产员”。

一生热爱烟叶，勇当义务“宣传员”。借助网络媒体，严光龙通过烟农群、朋友圈、抖音等，分享烟叶生产管理、烘烤分级经验，其参与谋划的《烟薯套种歌》等在媒体刊登，吸引5名80后青年返乡种烟，为解决“谁来种烟”问题贡献力量。

一生热爱农业，争当优秀“服务队员”。精通烟草生产技术、熟练操作农机的严光龙，得知村级领办合作社后主动加入，承担机耕、植保、分级等工作，为村里提供大量机耕服务，参与病虫害防治，组建分级队伍，保障收购工作。

敢为人先，勇当烟叶“领路员”。2022年，严光龙率先开展“烟薯套种”并获成功，积极推广。同时，借助地域优势打造“光龙民宿”，发展“烟叶+旅游”模式。他堪称“五员”职业烟农与产业致富带头人，并被推荐为“湖北省十佳职业烟农”。

秭归县　邓　斌——种烟致富　带动脱贫的全能新农人

邓斌，身为中共党员，同时是磨坪乡第十届人民代表大会代表以及中国共产党磨坪乡第十三次代表大会代表。2009年，他返乡投身烟草生产，2013年创办“秭归县磨坪绿源宝种植家庭农场”，该农场先后获湖北省、宜昌市、秭归县农业农村厅（局）授予的“示范家庭农场”称号。2019年，农场被秭归县人力资源和社会保障局、扶贫办授予“秭归县就业扶贫车间”。邓斌个人先后荣获农业农村部“农村实用人才带头人”“宜昌市农村实用拔尖人才”“秭归县第四届优秀农村实用人才”“秭归县烟叶生产首席农民专家”等称号，2020年在全国烟农增收创富大赛中斩获金奖，2021年获宜昌市人力资源和社会保障局授予的农艺师资格，其事迹被《新烟草》、中国烟草资讯网等多家媒体报道。

取得较高的烟叶生产效益。2020年，邓斌种植100亩烟草，交售279.80担，售烟收入408 895.97元，上等烟比例74.32%，收购均价1 461.39元/担，亩产量2.80担，亩售烟收入4 091.89元，在全县686户烟农中，售烟收入位居榜首，且多项指标远超全县平均水平。2021年，种烟面积扩至130亩，交售372.20担，售烟收入635 786.50元，上等烟比例75.62%，收购均价1 553.90元/担，亩产量2.89担，亩售烟收入4 490.77元。相比2020年，多项经济指标名列前茅，综合表现突出。

成为懂技术、善管理的新型种植主体典型代表。邓斌多年来在烟叶生产上取得的效益显著，得益于其精湛的生产技术与先进的经营管理。在烟田轮作、育苗、施肥、田间管理、采收烘烤及分级等环节，他见解独到。周边种烟村、乡镇烟农在烟叶收购站组织下，多次到其家庭农场观摩学习，他也被评为秭归县首席烟叶生产农民专家。2013年家庭农场成立后，他注重财务管理，规范运营。邓斌及其农场备受认可，多次获各级政府、部门表彰，还受邀在全县烟草种植大户培训会上分享经验。

辐射带动，助力脱贫攻坚。邓斌的“绿源宝”农场以烤烟种植为主，兼营其他农副产品与农村特色旅游。农场固定用工3人，季节性雇工超10人。2016年10月，农场与5户贫困户签订帮扶协议，依据各户条件实施不同帮扶措施，截至2019年，帮助协议贫困户累计增收175 130元。农场生产成本的2/3用于支付工人工资，为周边百姓创收创造条件。一方面，农场提供农资，农户种植后农场回收烤烟；另一方面，吸纳贫困户及农户务工，农场支付的工资中38%流向贫困户，截至2019年，为其他贫困户累计提供劳务收入31 460元。因在精准扶贫中的突出贡献，农场被授牌“秭归县就业扶贫车间”。

秭归县　郑南桥——片片“黄金叶”　通向致富路

郑南桥从事烟草种植近30年，他不仅是秭归县所有大户里种植烟草最早、种植面积最大、持续时间最长的烟农，也是最早注册家庭农场的烟农，常年带动周边群众就业达到30余人，先后获得省市级示范家庭农场、宜昌市“十佳职业烟农”、产业发展优秀带头人等多项荣誉称号。

结缘：打工归来种烤烟。郑南桥的故事始于20世纪90年代。高中毕业后，他南下打工，但为了照顾年迈的父母和年幼的孩子，他毅然返乡创业。当时，秭归县烟草专卖局正在挖掘种烟能人，郑南桥看到了希望。1998年，他租赁乡亲们无人耕种的土地，开始种植烤烟。签订种植合同后，他全身心投入烟草种植中去，将烟草部门的新技术、好方法引入自家烟田。从此，他不仅改变了自己的生活，还成为当地知名的种烟能手。

探索：严抓环节提质量。种植规模扩大后，郑南桥特别注重管理方法，探索出多种种植模式。他采用“单包工模式”，将烟田服务管理外包给专业服务队，自己负责组织和管理；同时带动农户分散种植，提供生产物资，农户出地出工，他支付酬劳并集中烘烤，实现利益共享。为确保壮苗，他自建育苗中棚，严把技术关。在大田管理中，他对每个环节进行严格考核，不合格的烟株扣减金额，有效提高了工人技术到位率。他还注重工人福利，确保休息时间，逢年过节慰问，激发了工人积极性。

发展：精细管理促增收。随着技术成熟，郑南桥意识到“精打细算”是增收的关键。他严格控制人工成本，亩用工量低于同片区，鲜烟损失率控制在0.5%以内，烘烤损失率控制在3%以内。他还积极响应政府号召，复垦抛荒地种植烟草，创下种烟增收新纪录。同时，他注重烟田保育，种植绿肥、油菜，冬耕冻土改善土壤环境，享受产业政策补贴，提升了综合收益。

责任：产业发展惠乡亲。郑南桥不仅自己致富，还带领村民共同走向富裕。他主动融入乡村振兴战略，2023年带动13个脱贫户种植烤烟70余亩，手把手指导技术，户均纯收入超1万元。他还优先吸纳脱贫户，支付高额劳务工资，以仁慈之心和博大胸怀，为乡村振兴贡献了突出力量。

郑南桥用近30年的坚守和创新，将一片片“黄金叶”变成了致富的希望，成为秭归县乡村振兴的杰出代表。

职业烟农线上服务

请微信扫码访问

湖北金叶

部分章节电子预览

天一现代职校线上服务